P9-CCA-368

Relatos de la BIBLIA PARA LOS MÁS PEQUEÑOS

Narrada por Anne de Graaf
Ilustrada por José Pérez Montero

SCANDINAVIA

Relatos de la Biblia para los más pequeños

DK 2400 Copenhague NV, Dinamarca - Tel.: (45)35 31 03 30 - Fax: (45) 35 31 03 34
E-mail: jvo@scanpublishing.dk

Diseñado por Ben Alex

Impreso en China
ISBN 87 7247 751 2

Dedicado a TI

Una nota para los padres

Estos *Relatos de la Biblia para los más pequeños* quizás sean, para su hijo, su primer contacto con la Biblia, la Palabra de Dios. Se trata de un libro ACTIVO. Destaca las cosas importantes e invita a que su niño encuentre, busque, diga y descubra.

Antes de leer estos relatos, ore para que el amor de Dios llegue al corazoncito de su hijo. Estas historias tratan de plantar una semilla, dar una visión, enseñar lo bueno y lo malo, así como de impulsar la fe.

A medida que va leyendo este libro ACTIVO a sus niños, juntos pueden gesticular, guiñar los ojos, saltar, gatear o hacer cualquiera de las otras cosas que sugiere la historia, de manera que sea divertido sumergirse en ellas. Oren juntos después de la lectura. Para los mayores, no existe mejor manera de aprender de los más pequeños.

Un animalito interviene en cada historia mediante un divertido párrafo, en itálica, dando vida al relato.

Una nota para los más pequeños

Este es un libro diferente que una persona muy especial le ha regalado a alguien más especial aún... TÚ.

Quizás esta sea tu primera Biblia, que te acercará más a Dios. Mucho más. ¿Por qué mucho más? Porque Jesús dijo que los ángeles de los más pequeños —como tú— son los que están más cerca de Dios.

Habrá un montón de cosas divertidas para hacer. Cuando oigas estas historias, escucha atentamente. Tu tarea es asegurar que esa persona especial que te lee estos relatos haga contigo estas cosas divertidas. Después, pueden cerrar los ojos y agradecer a Jesús por estar juntos. Para los más pequeños, no existe mejor manera de aprender de la gente mayor.

Contenido

EL ANTIGUO TESTAMENTO

EL NUEVO TESTAMENTO

EL ANTIGUO TESTAMENTO

EMMITA:

QUE DISFRUTES ESTA BIBLIA EN ESPAÑOL. CON MUCHO CARIÑO. RALA 12-18-10

ENJOY THIS BIBLE IN SPANISH LOVE YOU. RALA. 12-18-10

Díos crea el mundo

Génesis 1

Cierra los ojos.
Contén la respiración. Shhhhh...

Al principio no había nada...
sólo existía Dios.

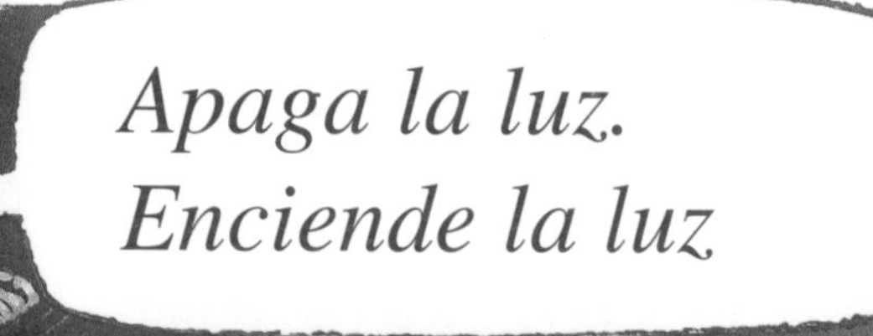
Apaga la luz.
Enciende la luz

Dios tomó la oscuridad y la transformó, de modo que de pronto... se hizo la luz.

La luz venía del sol. Dios creó la tierra y la luna, todos los planetas y las estrellas.

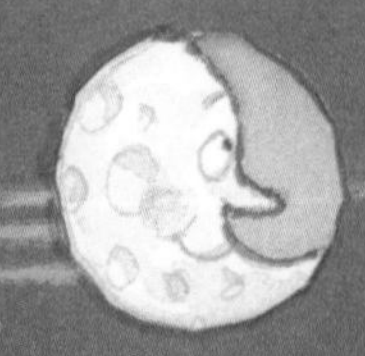

¿Cuántas estrellas? ¿Una? ¿Dos? ¿Tres? ¿Cuatro? Dios hizo muchas, y más y más y más y más...

Dios creó los océanos y
los mares. Hizo los peces
y muchos, muchos,
muchos más peces.

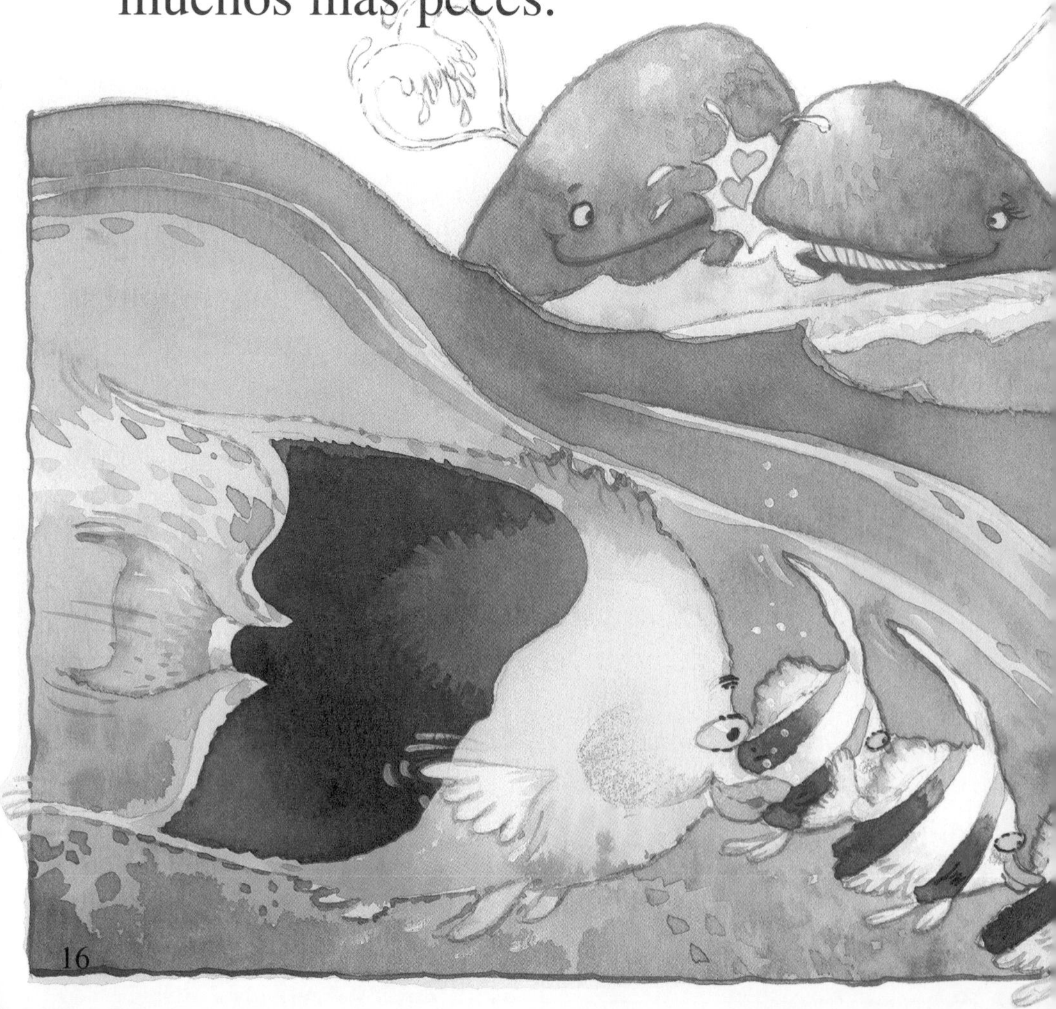

Imita a un pez. ¡Uy!
¡Estás pidiendo un beso!

Dios creó la tierra y los animales, y muchos, muchos, muchos más animales.

¿Cuál es tu favorito?
¡El favorito de Dios
eres TÚ!

Las primeras personas

Génesis 1-3

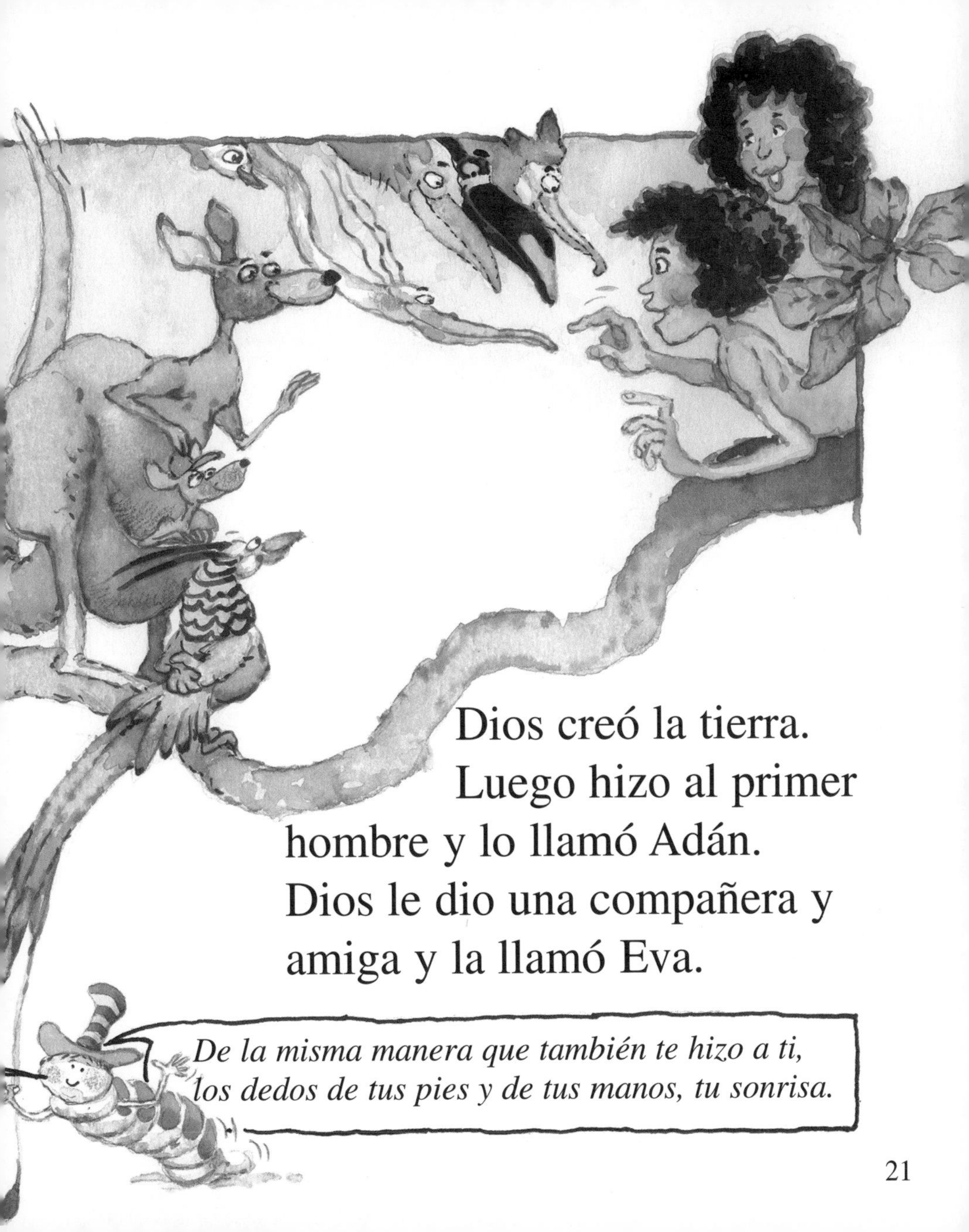

Dios creó la tierra. Luego hizo al primer hombre y lo llamó Adán. Dios le dio una compañera y amiga y la llamó Eva.

De la misma manera que también te hizo a ti, los dedos de tus pies y de tus manos, tu sonrisa.

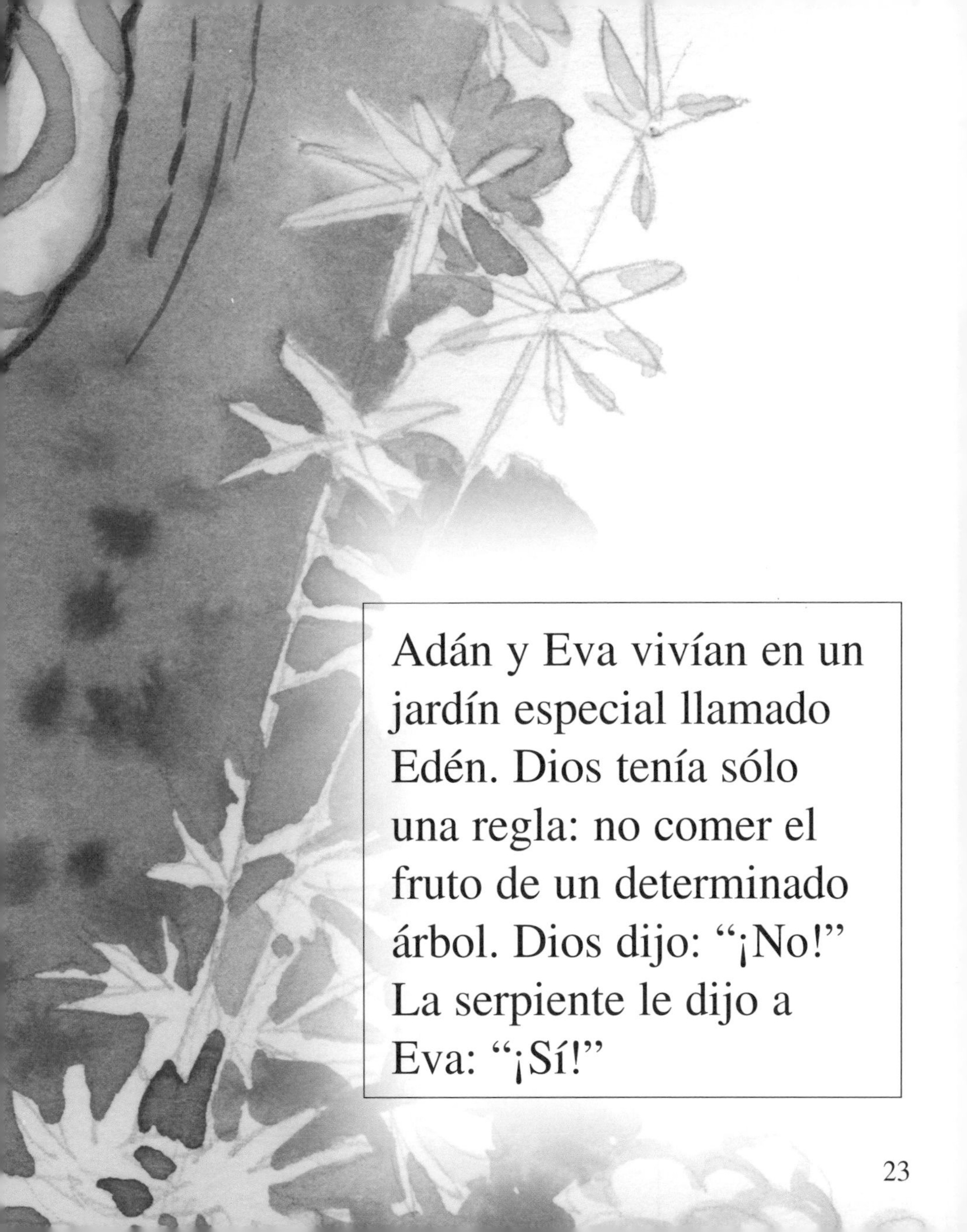

Adán y Eva vivían en un jardín especial llamado Edén. Dios tenía sólo una regla: no comer el fruto de un determinado árbol. Dios dijo: “¡No!” La serpiente le dijo a Eva: “¡Sí!”

Eva decidió desobedecer y Adán hizo lo mismo. Eso estuvo muy mal.

Y tú, ¿qué reglas conoces?

En todo el Edén se sentía el amor de Dios como un cálido abrazo esperando por ellos.

Cuando Adán y Eva desobedecieron, tuvieron que abandonar el Edén. Nunca más volvieron a sentirse tan cerca de Dios.

Sin embargo, Dios los siguió amando. Él siempre ama, no importa lo que ocurra. Dios dio a Adán y a Eva dos hijos. Cada niño es un regalo de Dios.

Eso significa que TÚ eres un gran regalo. ¿Un regalo para quién?

Noé y el arca

Génesis 6-8

Hace mucho, mucho,
mucho tiempo ya
nadie le decía
"¡Gracias!" a Dios.

Todo el mundo había elegido la maldad y eso puso a Dios muy triste. Pero había un hombre que era diferente. Se llamaba Noé. Él hablaba con Dios y lo escuchaba.

Nombra todas las cosas y todas las personas por las cuales le puedes decir a Dios: "¡Gracias!"

Dios le dijo a Noé: "Va a venir un gran diluvio. Construye una barca, una barca GRANDE, ¡BIEN GRANDE!"
La barca de Noé se llamó arca.
Los vecinos de Noé se reían de él: "¡Vivimos en el desierto! ¿Dónde está tu agua?"

¿A quién escuchaba Noé? Y tú, ahora, ¿a quién escuchas?

Dios dijo que pusiera en esa barca, esa barca GRANDE, BIEN GRANDE, una pareja de cada especie de animales. Dios prometió proteger a Noé, a su familia y a los animales que estaban dentro del arca.

¿Cuántos sonidos diferentes
de animales puedes imitar?

Entonces empezó a llover y
llover. Llovió por cuarenta días
y cuarenta noches. ¡Todos esos
animales! ¡Todos esos días y
esas noches! ¡Toda esa lluvia!

Cuéntate los dedos de las manos. Cuéntate los dedos de los pies. Hazlo una vez más. Allí tienes cuantos días llovió y llovió y llovió.

El arca de Noé flotaba cada vez más y más alto, más alto incluso que las cimas de las montañas. A medida que las aguas cubrían la tierra se ahogaban todos los seres vivos.

Finalmente la lluvia paró
y Dios entonces envió un
viento.
Imita un sonido como el de la lluvia. Y ahora imita al viento.

Noé y la promesa de Dios

Génesis 8

¡Había agua por todas partes! Noé envió un cuervo a buscar tierra firme.

Noé y los animales en el arca esperaron y esperaron a que bajaran las aguas. Después del cuervo, Noé envió a una paloma. ¡DOS VECES!

¿Puedes imitar el sonido que hacen las alas de los pájaros? ¡DOS VECES!

A la segunda vez, la paloma retornó con una hoja de olivo en el pico. Eso significaba que en alguna parte había lugares lo suficientemente secos como para que crecieran árboles y plantas.

Dios le dijo a Noé: "Tú, tu familia y todos los animales pueden bajar de la barca. Vayan a tierra y construyan su hogar."

Dios respetó su promesa y protegió a Noé, a su familia y a todos los animales.

Muestra cómo salió el canguro del arca. ¿Y las víboras? ¿Crees que hay algo más en esta historia?

Noé y el regalo de Díos

Génesis 8-9

Noé dio gracias a Dios por protegerlos. Entonces Dios le hizo un regalo.

Para ver el regalo da vuelta la página...

Dios estaba tan contento de que Noé había dicho "¡Gracias!", que le concedió otra promesa. Le prometió tres cosas.

Primero, que la tierra nunca más sería inundada. Segundo, que el año siempre tendría estaciones.

Después del otoño vendría el invierno, y después del invierno vendría la primavera...

Y...¿qué viene después de la primavera?

La tercera parte de la promesa de Dios era que después de la noche vendría el día.

...vendría la noche, vendría el día, vendría la noche, vendría el día...

Entonces Dios hizo algo muy especial. Usando todos los colores creó el primer arco iris. "Como un símbolo de mi promesa, he puesto mi arco iris en las nubes."

¿Cuántos colores tiene el arco iris? Azul claro, azul celeste...

El arco iris es el regalo de Dios para Noé y para nosotros. Es el símbolo de que Dios siempre cumple sus promesas.

Así como los colores son infinitos, el arco iris también lo es. Y el amor de Dios, como el arco iris, no tiene fin.

La construcción de la torre de Babel
Génesis 11

¿Dónde vives? ¿En qué país?
¿Sabes cómo decir "hola" en
otros idiomas? ¡Mhoro!

¡Czesc! ¡Hi! ¡Son los idiomas shona de Zimbabwe, polaco e inglés!

Hace mucho, mucho tiempo, todos hablaban solamente un idioma.

Nosotros hablamos el mismo idioma. Di "¡hola!" ¡Dilo más fuerte! Te escucho y te contesto "¡hola!"

Hace muchísimo tiempo, aunque la gente vivía cada vez más dispersa, seguían entendiéndose los unos con los otros.

¡Eh, tú! ¡Toma ese grano de arena! ¡No, no ése! ¡AQUÉL! Él sabe de lo que estoy hablando.

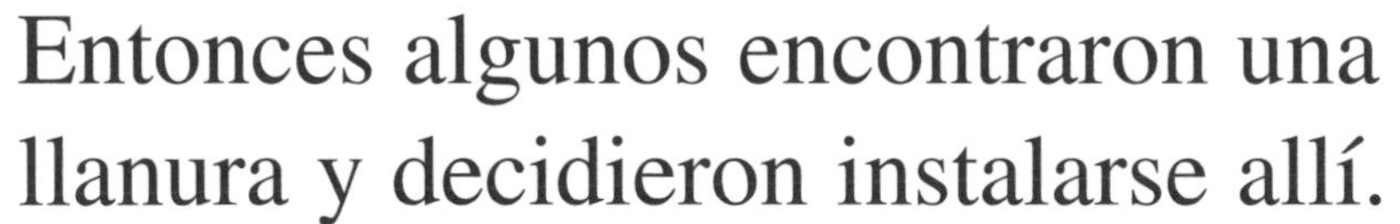
Entonces algunos encontraron una llanura y decidieron instalarse allí.

Me gustan los terrenos planos, porque allí es fácil construir. La próxima vez que juegues en la arena, despeja y alisa una superficie antes de construir tu castillo.

La gente dijo: "Hagamos ladrillos bien resistentes."

¿Qué pasa cuando le das una patada a una torre hecha de arena? ¡Whooosh! ¿Qué pasa cuando pateas una hecha de ladrillos? ¡¡¡Ay!!!

La gente era inteligente.
En lugar de usar piedras,
fabricaron esos ladrillos y
los apilaron con alquitrán,
en lugar de mortero.

Construye una torre con tus puños: pon uno encima del otro; y otra vez, y otra vez... ¿cuándo se llega al final?

El fin de la torre de Babel

Génesis 11

¡Ah, sí! ¡La torre de Babel estaba progresando!

Esta gente dijo: “Podemos llegar a ser famosos y entonces nunca más tendremos que ir de un lado a otro.”

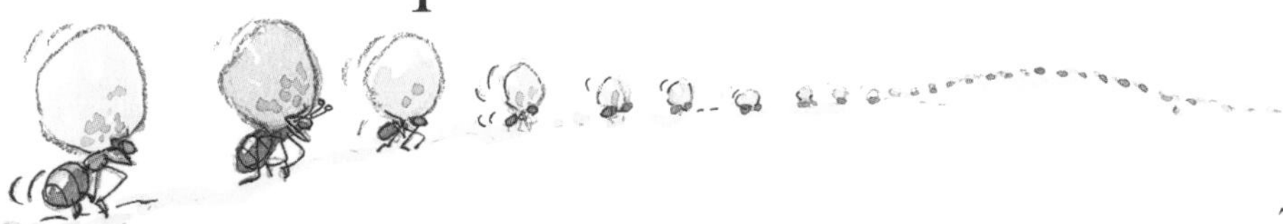

Entonces dijeron: "¡Vamos, construyamos nosotros mismos una ciudad! Así tendremos finalmente un hogar."

Ahora una torre no les era suficiente. ¡Tenían planes ambiciosos!

Cuando Dios vio lo que la gente estaba tratando de hacer supo que tenía que detenerlos porque, de lo contrario, pensarían que eran dioses.

Ellos se volvieron demasiado orgullosos de sí mismos y de sus planes de construir una gran torre y una gran ciudad.

Entonces Dios les mezcló las palabras y creó así diferentes lenguajes. La gente ya no hablaba más un solo idioma sino muchos.

¡Cielos! Si los trabajadores no se entienden los unos con los otros, yo podría decir: "¡Toma ese grano de arena!" y él podría pensar que dije: "¡Alcánzame el martillo!" Así no se puede construir nada.

La ciudad que nunca terminaron de construir se llamó Babel, que significa: *Mezclada y confundida*, porque fue allí donde el Señor mezcló el idioma que hablaba todo el mundo.

No importa lo alto que llegues, o cuán grandes sean tus sueños; agradece y alaba a Dios por ayudarte. Incluye siempre a Dios en tus planes.

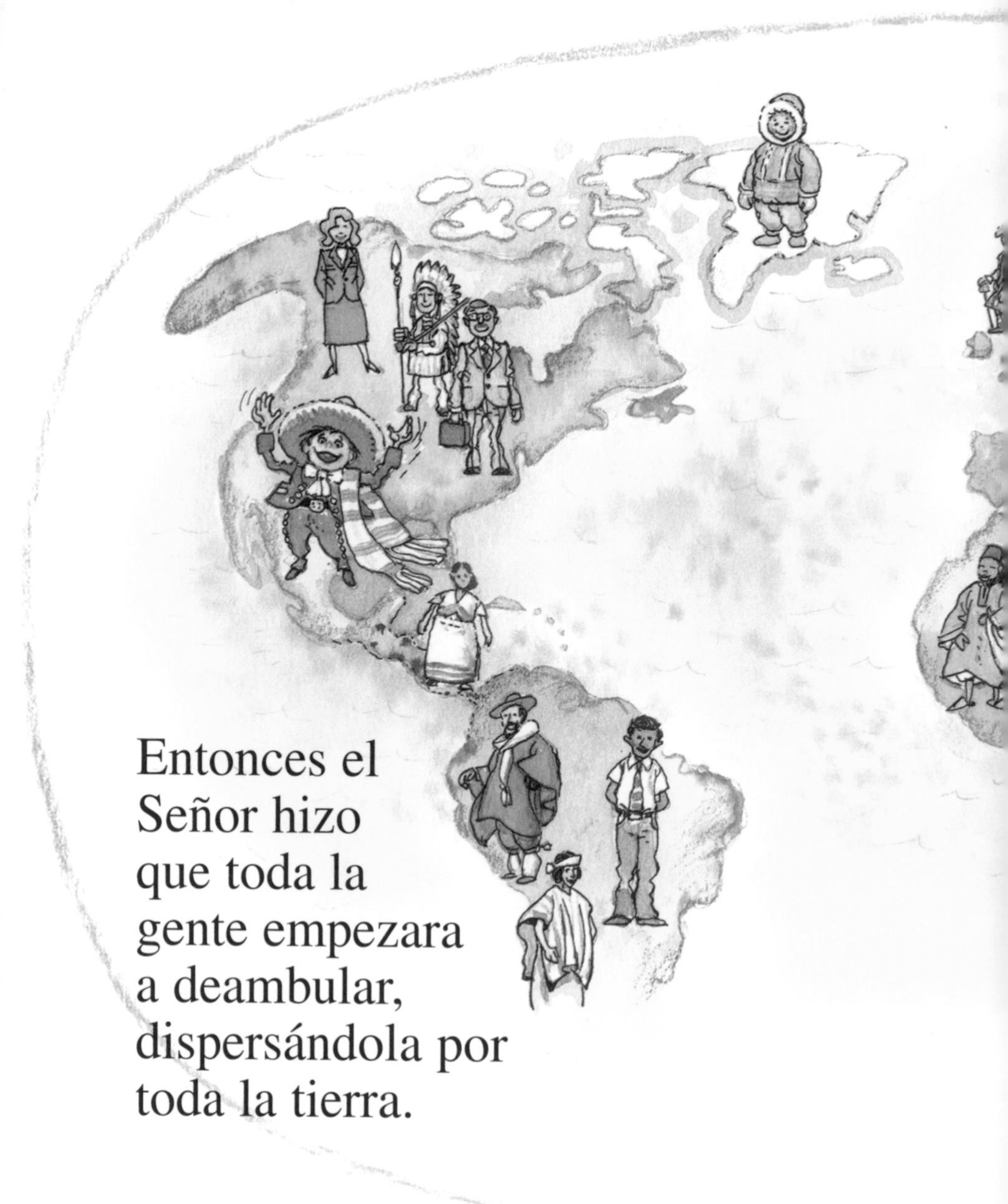

Entonces el
Señor hizo
que toda la
gente empezara
a deambular,
dispersándola por
toda la tierra.

¡Adiós! ¡Czesc!
¡Chisarai zvakanaka!

Abraham sigue a Dios

Génesis 12-13, 17

Abraham y Sara amaban mucho a Dios.
Abraham significa: Padre de muchos,
y Sara, Princesa.
¡Ah! ¿Sabes qué
significa tu
nombre?

Abraham tenía muchas ovejas, vacas y camellos. Él y Sara vivían en el desierto y dormían en tiendas.

¡No se olviden de las cabras! ¿Cuántas cabras con barba puedes contar?

Una noche, Dios le dijo a Abraham que haría que su familia fuera una gran nación.

Abraham creía y confiaba en Dios. Y tú, ¿a qué nación perteneces?

¡A empacar!
¿Quién es el jefe
aquí?

Dios les prometió también a Abraham y a Sara una nueva tierra. Entonces ellos empacaron sus tiendas sobre los camellos y viajaron hasta que Dios les dijo cuándo y dónde detenerse.

La gran familia de Abraham

Génesis 13, 15, 17-18, 21

Pasaron muchos años y Abraham y Sara SEGUÍAN sin tener hijos. Le preguntaron a Dios cuál era la causa. ¿Cuántas estrellas hay allí? ¿Un billón? Así de grande e importante era la familia que Dios les había prometido.

Un día, tres extranjeros visitaron a Abraham y a Sara, quienes les ofrecieron la mejor comida que tenían. Uno de los visitantes dijo que Sara pronto tendría un hijo.

Lo que Abraham y Sara deseaban por sobre todas las cosas era tener un bebé, un niño como tú.

Sara estaba escuchando desde la tienda
y se rió, porque ella ya era demasiado
anciana para tener un hijo.

El visitante dijo: “¿Por qué se ríe Sara?
Nada es demasiado difícil para el Señor.”

Sara estaba desconcertada por lo que había escuchado. Pero Abraham sabía que el visitante era el Señor.

Un año más tarde, Abraham y Sara tuvieron finalmente su hijo: un niño llamado Isaac. Un regalo de Dios mismo. Isaac fue el comienzo de esa familia grande e importante que Dios había prometido a Abraham. Isaac significa *Risa.*

¿A quiénes hizo feliz Isaac cuando nació? Y tú, ¿a quién hiciste feliz cuando naciste?

José y la túnica de colores

Génesis 37

*Isaac tenía un hijo llamado Jacob,
que más tarde tuvo doce hijos.
José era su favorito. Un día, su padre le
regaló una túnica de colores, lo que
puso muy celosos a sus hermanos.*

¿Alguna vez tuviste un sueño?
¿De qué se trataba?

Una noche, José soñó que el sol, la luna y once estrellas se inclinaban ante él como si fuera un rey. Eso no le gustó a sus hermanos mayores: “¡Nosotros nunca nos inclinaremos ante TI!”

José fue a ver si sus hermanos estaban cuidando las ovejas. Estos le quitaron la túnica especial que llevaba y lo tiraron en un pozo.

¿Por qué harían eso los hermanos? Y José, ¿podría alguna vez perdonarlos?

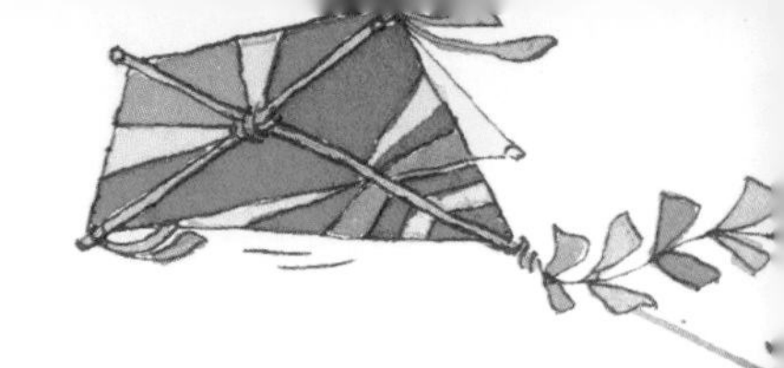

Los hermanos de José lo vendieron como esclavo a Egipto, que quedaba muy, muy lejos. Pero Dios estaba con él.

Los esclavos no son libres como una cometa, libres como tú y yo. ¿Dónde quedó ahora la túnica de colores de José?

José perdona a sus hermanos

Génesis 39-46

José trabajó duramente como esclavo en Egipto. Su dueño lo puso a cargo de su casa y sus campos. José trabajaba para Dios y lo consideraba su VERDADERO dueño. Y tú, ¿en qué trabajaste hoy?

En Egipto, Dios ayudó a José a interpretar los sueños. El faraón, el rey de Egipto, le contó un sueño donde siete vacas gordas cruzaban el río.

Entonces siete vacas flacas cruzaron el río y devoraron a las vacas gordas, ¡pero siguieron siendo flacas!

Dios le mostró a José que las vacas gordas significaban siete años de prosperidad. Entonces el faraón lo liberó y lo puso a cargo del almacenamiento de alimentos.

Luego de siete años de prosperidad hubo siete años de escasez. ¡Eso era lo que significaban las siete vacas flacas! Como era muy difícil encontrar alimento, los hermanos de José fueron a vivir a Egipto. No reconocieron a José, pero él sí los reconoció.

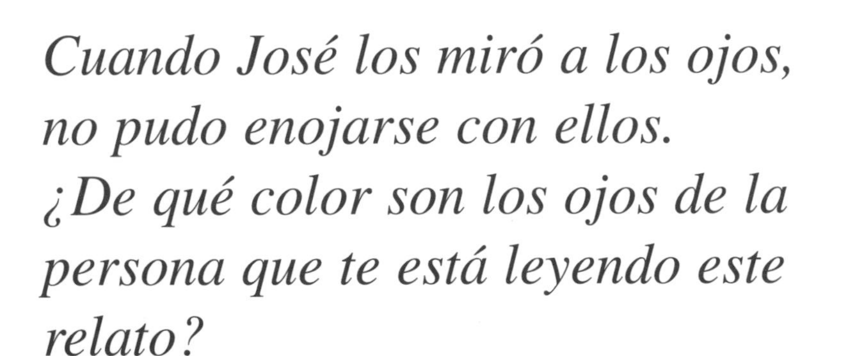
Cuando José los miró a los ojos, no pudo enojarse con ellos. ¿De qué color son los ojos de la persona que te está leyendo este relato?

José perdonó a
sus hermanos
por la mala jugada
que le habían hecho
sufrir muchos años
atrás. Dios había
cuidado de José,
y eso era lo único
que importaba. ¡Los
hermanos saltaban de
alegría por haberse
reencontrado!

¿Alguna vez te has enojado con alguien? ¿Lo perdonaste?

Jacob y sus hijos se trasladaron a
Egipto para estar junto a José.
¡Ahora toda la
familia estaba
junta otra vez!

¿Tiene tu familia
algún color favorito?

Moisés oye el llamado de Dios

Éxodo 1-4

Hace muchos años, cuando Moisés era un bebé mucho más pequeño que tú, su madre le salvó la vida.

El rey de Egipto —llamado faraón— quería eliminar a los bebés hebreos, como Moisés. Entonces su madre lo puso en una cesta y lo mandó flotando río abajo.

Dios protegió a Moisés. La hija del faraón, al escuchar su llanto, lo salvó y lo adoptó como su propio hijo.

Moisés creció en el palacio. Los egipcios odiaban a los hebreos, que era el pueblo de Dios. Un día, al ver a un egipcio golpeando a un hebreo, Moisés mató al egipcio y huyó.

Moisés se escondió varios años en el desierto, en un lugar llamado Madián.

Moisés se casó con una mujer de Madián. Un día, cuando estaba cuidando las ovejas de su suegro, vio un arbusto en llamas, ¡pero el arbusto no se quemaba! ¿Cómo podía ser eso?

¡Es Dios, que trata de que Moisés lo escuche!

¿Qué le pidió Dios a Moisés? Que volviera a Egipto y ayudara a salvar al pueblo de Dios de manos de los egipcios. Pero Moisés tenía miedo y dijo: “Señor, yo no.”

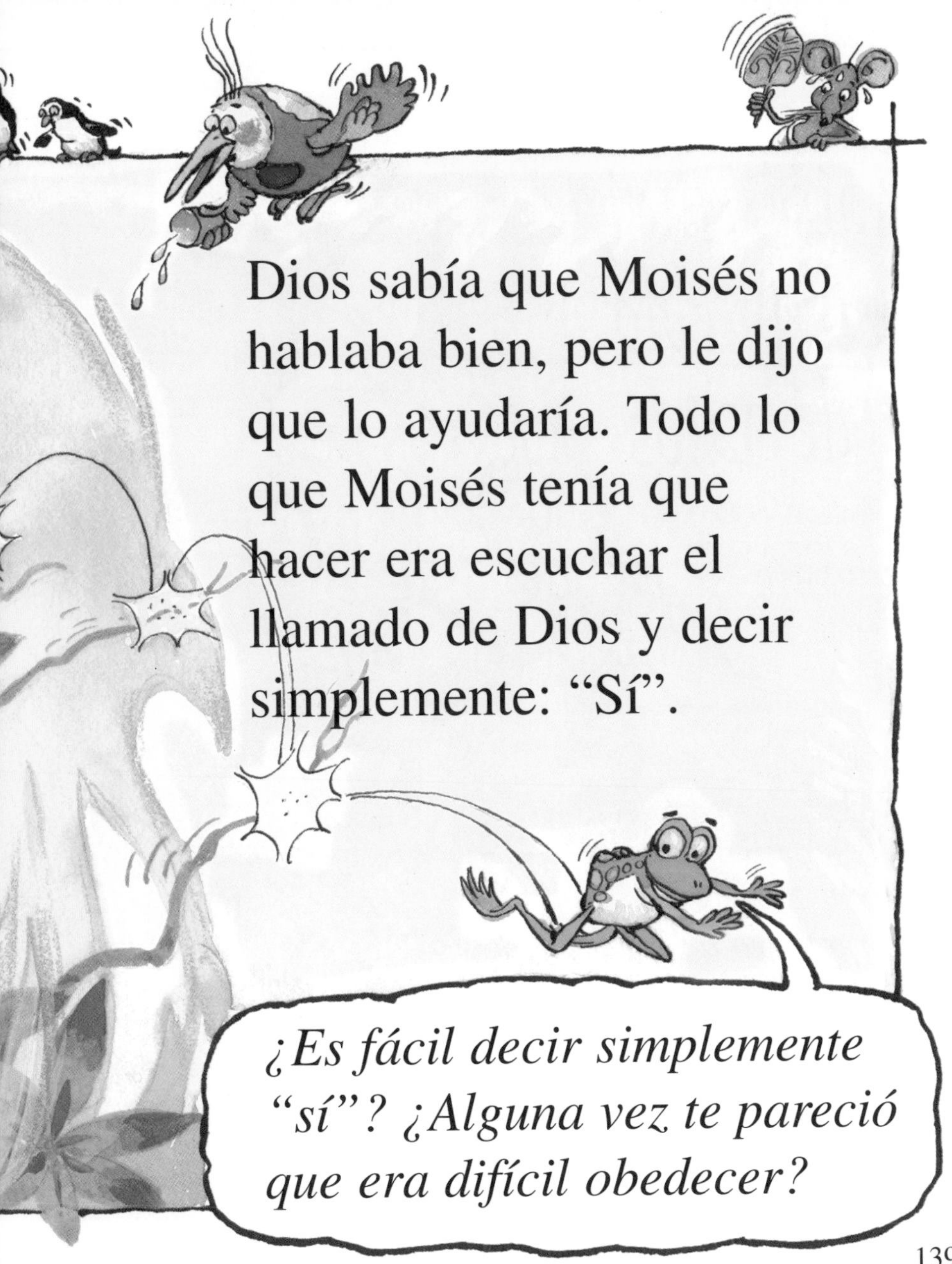

Dios sabía que Moisés no hablaba bien, pero le dijo que lo ayudaría. Todo lo que Moisés tenía que hacer era escuchar el llamado de Dios y decir simplemente: “Sí”.

¿Es fácil decir simplemente “sí”? ¿Alguna vez te pareció que era difícil obedecer?

Moisés dirige al pueblo de Dios
Éxodo 5-16, 19-20, 33-34;
Números 13-14;
Deuteronomio 1
Moisés condujo al pueblo fuera de Egipto. ¡Entonces Dios dividió el Mar Rojo por la mitad!

Moisés obedeció a Dios y volvió a Egipto. Le pidió al faraón que liberara al pueblo de Dios. Pero el corazón del faraón estaba endurecido y dijo "¡No!" Dios mostró su poder de varias maneras hasta que el faraón se dio por vencido. Pero más tarde cambió de opinión y gritó a sus soldados: "¡Vayan tras ellos y tráiganlos de vuelta!"

Pero Dios cuidaba a su pueblo, y justo cuando Moisés y su gente llegaron al Mar Rojo, ¡Dios separó las aguas! Así ellos pudieron cruzar sin problema. Todos llegaron a salvo a la otra orilla antes de que Dios las cerrara otra vez.

Durante el largo viaje a la Tierra prometida, el pueblo de Dios comenzó a olvidarse de orar y alabar a Dios. Entonces Dios grabó en piedra diez mandamientos, que Moisés y su pueblo tenían que respetar.

Dios les dio estos mandamientos a sus hijos para que estuvieran a salvo, sanos y felices.

Dios le dio a Moisés estas diez reglas —o diez mandamientos— en una montaña. Dios descendió de su nube para estar con Moisés. Tan grande era la gloria de Dios que Moisés cerró fuertemente los ojos.

Cierra los ojos y proyecta una luz en tu cara. ¿Cómo se siente?

¿Alguna vez escuchaste a tu estómago quejarse? Es lo que el pueblo de Dios hizo en el desierto: ¡quejarse!

Al pueblo de Dios le tomó cuarenta años llegar a la Tierra prometida, llamada Canaán. A pesar de sus constantes quejas, Dios les dio todos los días agua y alimentos.

El general Josué y la Tierra prometida

Josué 1-2, 5-6; Deuteronomio 31-34

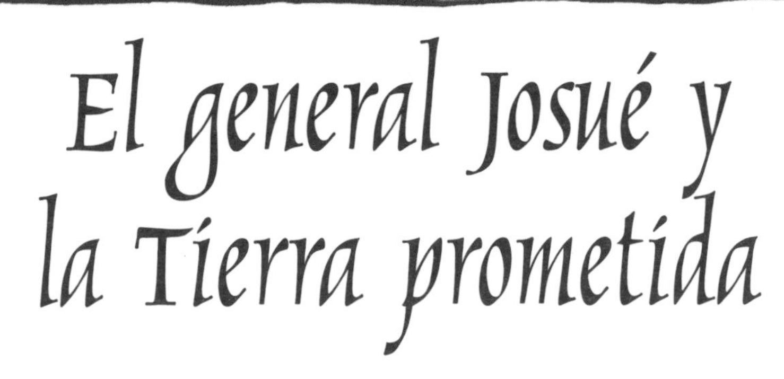

Había una vez un soldado llamado Josué. Antes de morir, Moisés le dijo: "Recuerda siempre al Señor y sé valiente." Valiente significa hacer algo difícil o arriesgado. ¿Quién me está protegiendo ahora?

Dios le prometió a Josué: "Estaré contigo adondequiera que vayas y te ayudaré a ganar las batallas por la Tierra prometida." La primera ciudad que Josué tenía que tomar era Jericó.

Dios sabía que le había pedido a Josué hacer algo difícil. Es por eso que tenía que ser valiente. ¿Probaste hoy hacer algo que era difícil? ¿Te sentiste valiente?

La ciudad de Jericó estaba completamente cerrada porque la gente tenía mucho miedo. No había forma de entrar ni de salir. El Señor le dijo a Josué: "Jericó ya es tuya. Todo lo que necesitas hacer es..."

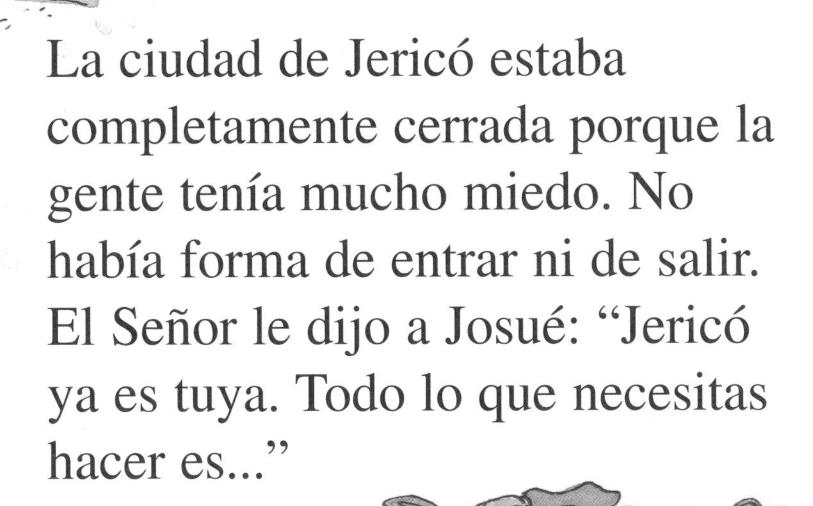

Dios tenía un plan. Esperaba enseñar a su pueblo a confiar sólo en él. Nombra a alguien en quien confías.

*Imita una trompeta.
Ahora no digas nada...
¡y tampoco hagas
ningún ruido!*

Este fue el plan de Dios: una vez por día y durante seis días, el ejército de Josué marchó alrededor de la ciudad de Jericó. Los sacerdotes tocaban sus trompetas. Nadie decía una palabra.

Marcha siete veces alrededor de la persona que está leyendo para ver si él o ella se cae.

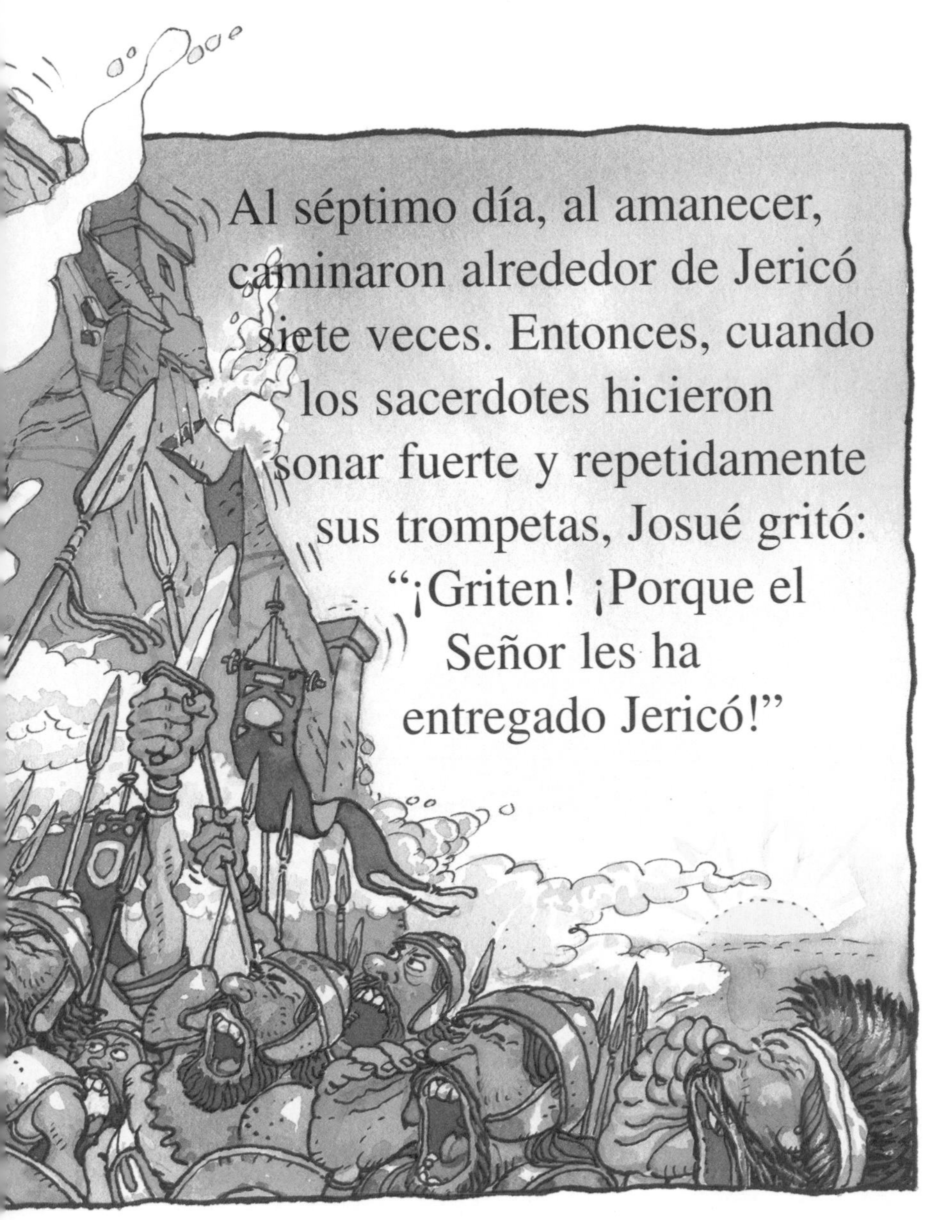

Al séptimo día, al amanecer, caminaron alrededor de Jericó siete veces. Entonces, cuando los sacerdotes hicieron sonar fuerte y repetidamente sus trompetas, Josué gritó: “¡Griten! ¡Porque el Señor les ha entregado Jericó!”

¡Las murallas de Jericó se derrumbaron! Dios protegió al pueblo de Josué, los israelitas. Hizo valiente a Josué porque él siempre tenía presente al Señor.

La protección de Dios es como un escudo o una armadura que todo el tiempo llevamos encima pero que sólo algunas veces notamos. ¡Como mi caparazón! Como Josué, recuerda que el Señor está contigo adonde vayas.

Gedeón y el cuero de oveja

Jueces 6

Había una vez un hombre llamado Gedeón que dudaba de muchas cosas.

El pueblo elegido de Dios, los israelitas, tenían tanto miedo de los terribles ladrones madianitas, que tenían que esconderse en cuevas.

No estoy seguro de dónde estoy. No estoy seguro de dónde se puede estar a salvo. ¡No estoy seguro de nada!

Los madianitas quemaban los cultivos de los israelitas y les robaban sus animales. Los camellos que montaban eran incontables.
¿Puedes contar cuántos camellos hay? No estoy seguro.

Gedeón tenía que esconder los alimentos de los madianitas. Un ángel apareció y le dijo: “El Señor está contigo.”

De esto sí podía estar seguro
Gedeón. Dilo en voz alta:
“El Señor está conmigo.”
¡De eso sí puedes estar seguro!

Entonces el ángel dijo:
“Tú conducirás al
pueblo de Dios contra
los madianitas.”

El ángel estaba seguro,
pero Gedeón no.
Y a ti, ¿qué te parece?
¿Estás seguro

Gedeón TODAVÍA no estaba seguro de que Dios ayudaría a los israelitas a derrotar a sus enemigos. Entonces puso primero un cuero de oveja en el suelo y le rogó a Dios que hiciera caer rocío sobre el cuero, pero que no mojara el suelo.

Así lo hizo Dios. Entonces Gedeón le pidió que esta vez el rocío cayera sobre el suelo mientras el cuero de oveja se mantenía SECO. Dios también hizo esto, y AHORA sí Gedeón estaba seguro.

Dios tenía un plan. Gedeón, únicamente con 300 soldados, ¡rodearon el campamento enemigo y empezaron a hacer un ruido tremendo!

Tenían las antorchas en la mano izquierda y las trompetas en la derecha, ¡y así ganaron la batalla!
Levanta tu mano izquierda. Levanta tu mano derecha. ¡Viva Gedeón! ¡Viva Dios!

Sansón, el súper fuerte

Jueces 13-14, 16

Cuando Sansón era pequeño, era muy especial.

Dios les pidió a los padres de Sansón que nunca le cortaran el cabello. Este era un signo de que Dios tenía un plan especial con él. A medida que Sansón crecía y su cabello se hacía más y más largo, se volvió muy fuerte.

A ver tus músculos, ¿cuánta fuerza tienes?

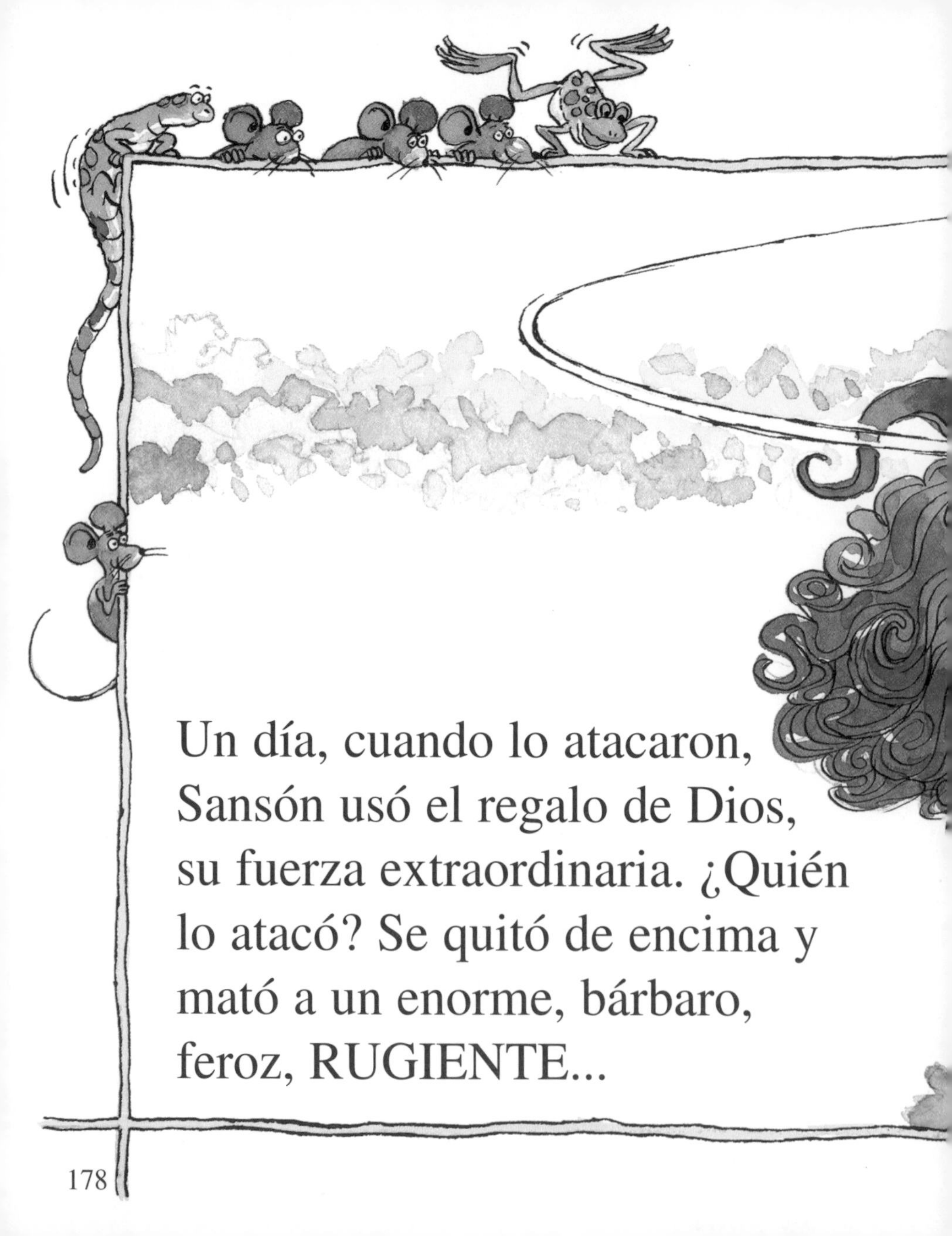

Un día, cuando lo atacaron,
Sansón usó el regalo de Dios,
su fuerza extraordinaria. ¿Quién
lo atacó? Se quitó de encima y
mató a un enorme, bárbaro,
feroz, RUGIENTE...

...¡¡LEÓN!! ¿Cómo es de fuerte un león? ¿Era más fuerte que Sansón? ¿Más fuerte que tú? ¿Cómo es de grande un león?

Otra vez, los enemigos de Sansón lo tomaron prisionero y lo amarraron. El espíritu del Señor lo hizo nuevamente súper fuerte y él rompió las cuerdas ¡como si no fueran más que hilos!

Prueba romper un hilo. Ahora, ¡prueba romper dos juntos!

Años más tarde, Sansón se enamoró de una mujer llamada Dalila. Ella pidió y rogó a Sansón que le contara el secreto de su fuerza. El secreto de Sansón era que nunca se había cortado el cabello.

Los enemigos de Sansón prometieron dinero a Dalila si engañaba a Sansón. Cuando él le reveló su secreto, ella se lo contó a sus enemigos, que se arrojaron sobre Sansón y le cortaron el cabello.

Oh, no! ¡Sansón ya no tenía
nás esa fuerza extraordinaria!

Los enemigos de Sansón lo metieron en prisión y le dañaron los ojos dejándolo ciego.
Sansón rogó a Dios y su cabello le creció de nuevo, volviéndose así más y más fuerte. Entonces derribó los muros del palacio acabando con todos sus enemigos. ¡CRASH!

¿Y a TI? ¿Qué te hace diferente? ¿Los dedos de la mano? ¿Los dedos de los pies? Veamos. Dios tiene un plan especial con tu vida, diferente del de Sansón, pero igualmente especial.

Rut debe encontrar un nuevo hogar

Rut 1-2

Había una vez
una joven llamada
Rut. Se casó con
un hombre de otro
país, a quien
amaba mucho.

Más tarde, el esposo de Rut murió. La madre de él, Noemí, le dijo: “Deberías volver a la casa de tus padres.” Noemí deseaba regresar a Israel, su hogar y la tierra del pueblo de Dios.

¿En qué país naciste? ¿Es el mismo país en donde vives ahora?

Rut era muy especial porque ella amaba a Dios. Y amaba a Noemí, que le había enseñado a amar al Señor.

¿Quién te ha enseñado a amar a Dios?

Rut le rogó a Noemí: “Por favor, déjame ir contigo. Iré adonde vayas; tu pueblo será mi pueblo y tu Dios, mi Dios. Él nos protegerá.”

Señala dos cosas que tengan los mismos colores que la bandera de tu país.

¿En qué ciudad naciste?
¿Vives allí ahora?

Noemí y Rut hicieron un larguísimo camino. Fueron a pie hasta Belén, la ciudad donde Noemí había nacido, ¡el nuevo hogar de las dos!

Dios premia la lealtad de Rut

Rut 2-4

En Belén, Rut se hizo cargo de Noemí. Juntaba los granos de cebada que otros dejaban y los compartía con ella.

El campo donde Rut encontraba alimento
pertenecía a un hombre llamado Booz.
Este hombre deseaba ayudar a Rut
porque ella quería ayudar a Noemí.

Booz le permitía a Rut llevar a casa todos los granos que deseara. Noemí le dijo: “¿Booz es el dueño del campo? ¡Es uno de mis parientes!”

Noemí le dijo a Rut: “Ya que Booz es familiar mío y se preocupa por nosotras, tal vez quiera casarse contigo.”

Tu familia te quiere y Dios quiere a tu familia. Y tú, ¿a quién quieres?

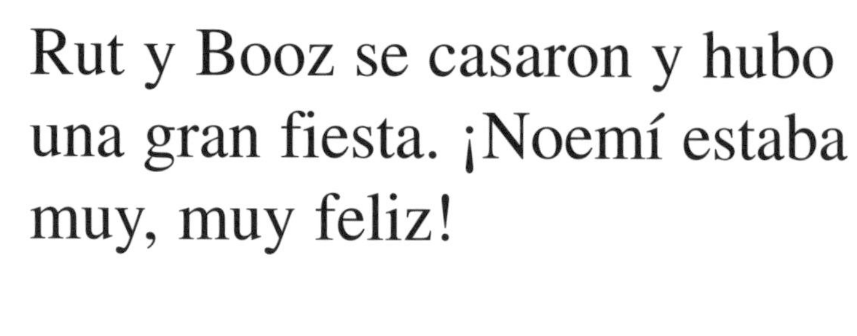

Rut y Booz se casaron y hubo una gran fiesta. ¡Noemí estaba muy, muy feliz!

¿A quién quieres? ¿Eso te hace feliz? ¡Muestra lo contento que estás con la sonrisa más grande del mundo!

Ahora Rut y Booz podían cuidar juntos de Noemí. Después de un tiempo tuvieron un niño llamado Obed. Noemí era como una abuela para Obed.

Las personas que te quieren, ¿te han puesto algún nombre especial?

Rut había sido una extranjera cuando llegó a Belén. Pero Dios la bendijo porque ella hacía SU voluntad.

Rut había dejado su propio pueblo y su propia tierra por lealtad y consideración a Noemí. Ella empezó con nada, ¡y ahora tenía un esposo, un hijo y un nuevo hogar en Belén!

Muchísimos años más tarde, nació en Belén el rey David. Y muchos, muchos años más tarde, nació Jesús en Belén. Y los dos eran parte de la misma familia de Rut, la madre de Obed, quien fue su tatara-tatara-tatarabuelo.

¿Quién fue tu tatara-tatarabuelo? ¿Y quién fue su madre? Agradece ahora a Dios por tu familia y tu hogar.

Díos elige a David

1 Samuel 16

Dios miró el corazón de un pastorcito llamado David y vio que David lo amaba mucho.

A David le gustaba tocar el arpa
y cantar canciones a Dios.

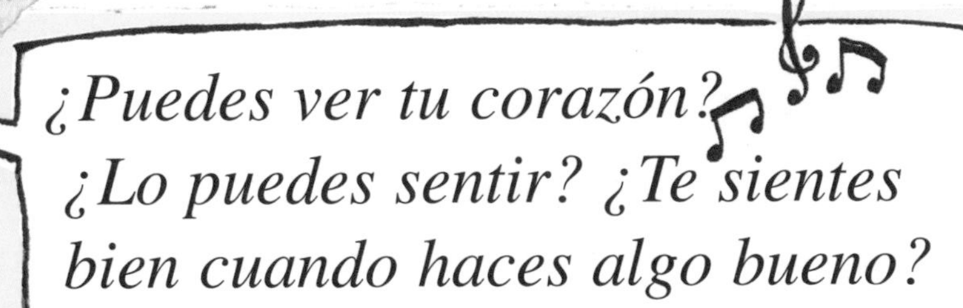
¿Puedes ver tu corazón? ¿Lo puedes sentir? ¿Te sientes bien cuando haces algo bueno?

Nombra una cosa para lo que eres bueno.

David también era muy bueno arrojando piedras con la honda. Daba en el blanco a todo lo que le apuntaba. Podía incluso matar a los osos que atacaban a sus ovejas.

¡Podía INCLUSO matar leones con su honda!

¿Puedes rugir tan fuerte como un león?

Un hombre sabio llamado Samuel se dirigió a la familia de David para encontrar al que Dios había elegido como rey. No su hermano, ¡ni éste, ni éste, ni éste, ni éste, ni éste, ni éste!

¿Cuántos hermanos y hermanas tienes?

“¿Estos siete son todos los hijos que tienes?” —preguntó Samuel. “No” —dijo el padre de David. “Tengo otro más, el menor.” Dios eligió a David porque tenía planes para él. No en ese momento, pero algún día, David sería rey.

A veces no es tan malo ser el menor.

David lucha contra Goliat

1 Samuel 17

Algunas veces da miedo ser pequeño.

El ejército de Israel era fuerte y numeroso. Sin embargo, los soldados tenían mucho, MUCHO miedo de luchar contra el gigante Goliat.
¿Qué es un matón?

Nadie en el ejército se animaba a luchar contra Goliat. David era demasiado pequeño para estar en el ejército como sus hermanos, pero así y todo le suplicó al rey Saúl: "Déjame luchar contra Goliat. Yo soy bueno con la honda."

David sabía que Dios estaba de su parte.

El gigante llamado Goliat se burlaba de Dios y del pueblo de Dios: “Ni ustedes ni el dios que tienen valen nada!” Decir eso era una cosa terrible. David le respondió: “¿Ah, sí? Tú no eres tan grande para mí.”

¿Alguna vez se han burlado de ti porque eres el más chico o el menor?

David apuntó al gigante y lanzó con su honda una piedra que salió volando por el aire. La piedra voló y voló hasta que...¡PAF!, golpeó a Goliat en la cabeza y lo mató.

No siempre los grandes y fuertes ganan. Algunas veces ganan los pequeños y valientes.

Después de que David matara a Goliat, todos gritaron: "¡Tres vivas por el joven David! ¡Viva! ¡Viva! ¡Viva! El joven David es apuesto y valiente."

¿David era especial porque era inteligente, valiente, apuesto y bueno? No; sino porque Dios lo había elegido y lo amaba. ¡De la misma manera que Dios te ama a TI!

Salomón salva a un bebé

2 Samuel 12; 1 Reyes 3; 2 Crónicas 1

Cuando Salomón era un joven príncipe, Dios le dijo en un sueño: “Pide lo que quieras”, y Salomón respondió: “Por favor, otórgame sabiduría. Ayúdame a ver lo que está bien y lo que está mal. Deseo gobernar sabiamente al pueblo de Dios.”

Si tú pudieras pedir cualquier cosa que quisieras, ¿qué pedirías?

Dios le concedió a Salomón su deseo.
La gente venía de todas partes para pedir su consejo; también dos madres que estaban disputándose un bebé.
"¡Es mío!" —gritaba una de las madres.
"¡No, es mío!" —gritaba la otra.

Y TÚ, ¿quién crees que es la verdadera madre?

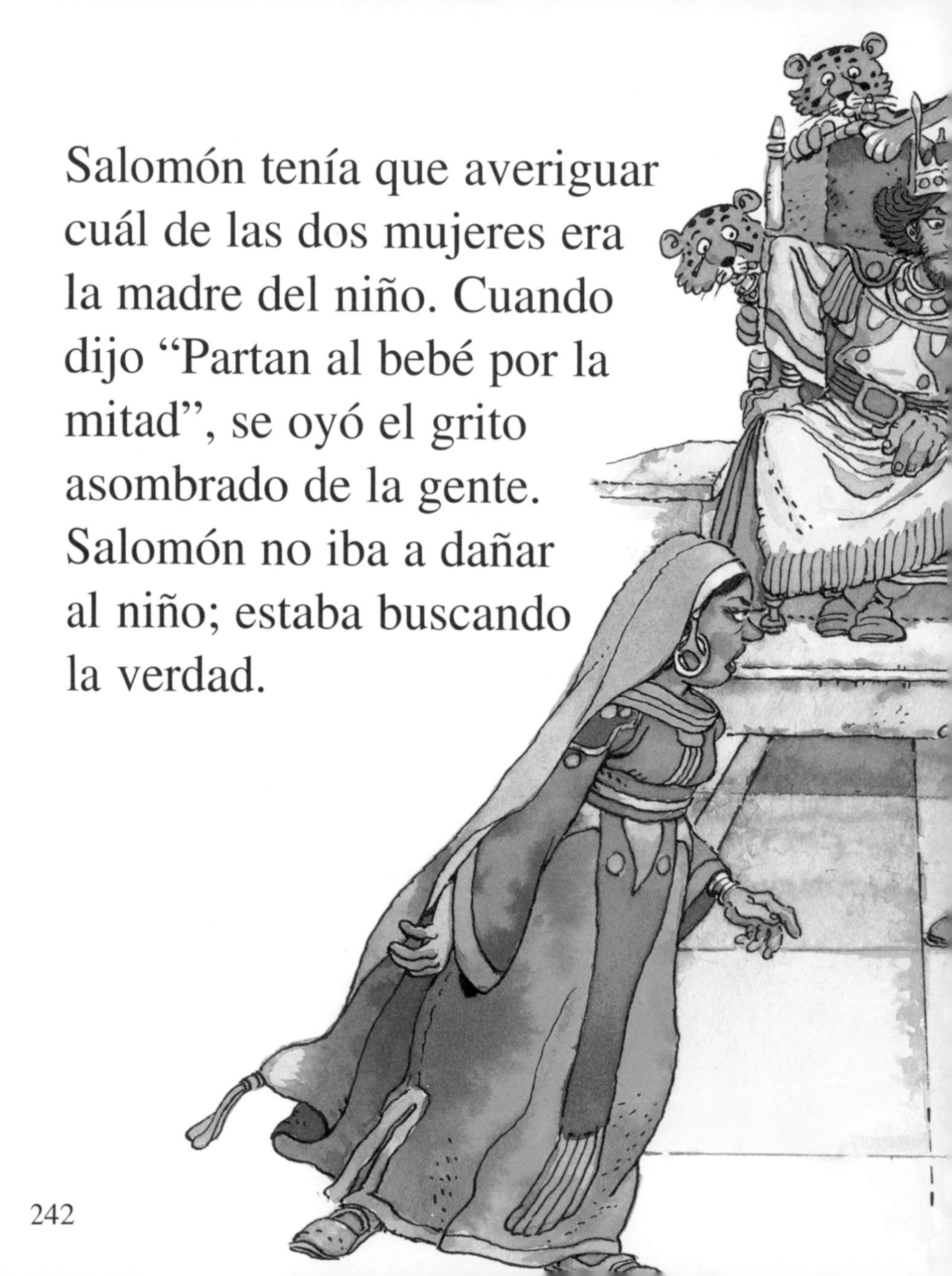

Salomón tenía que averiguar
cuál de las dos mujeres era
la madre del niño. Cuando
dijo “Partan al bebé por la
mitad”, se oyó el grito
asombrado de la gente.
Salomón no iba a dañar
al niño; estaba buscando
la verdad.

Si esto te da demasiado miedo, intenta dar un grito de asombro lo más fuerte que puedas.

La primera mujer gritó:
"¡No! ¡Denle el bebé a ella,
por favor! ¡Por lo menos así
vivirá!"
Salomón señaló a la
primera mujer: "Denle el
bebé. Ella es la verdadera
madre, porque para ella
la vida del niño es más
importante que sus propios
deseos." Ser sabio es ser
inteligente y usar el sentido
común, conociendo lo que
haces y por qué.

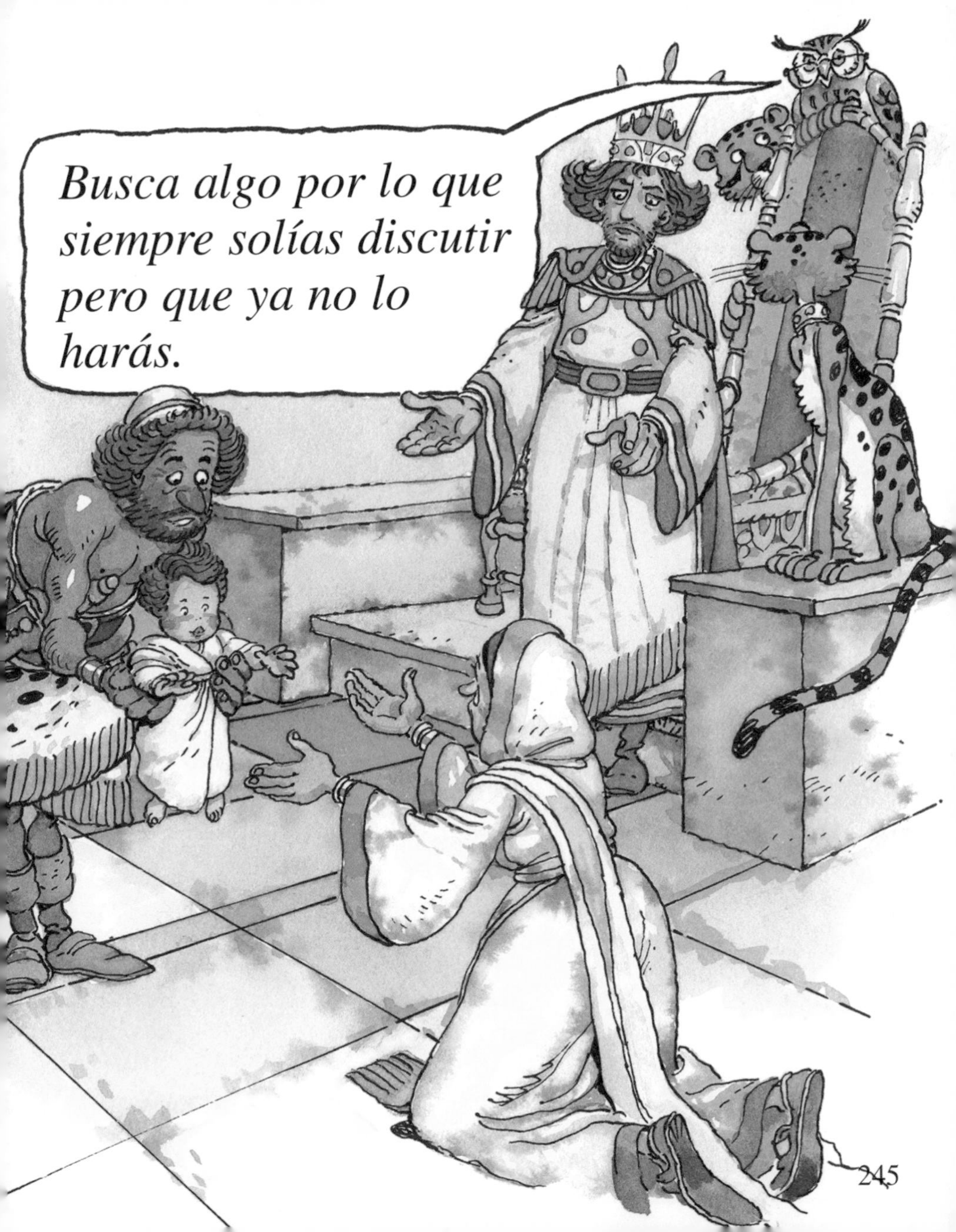
Busca algo por lo que siempre solías discutir pero que ya no lo harás.

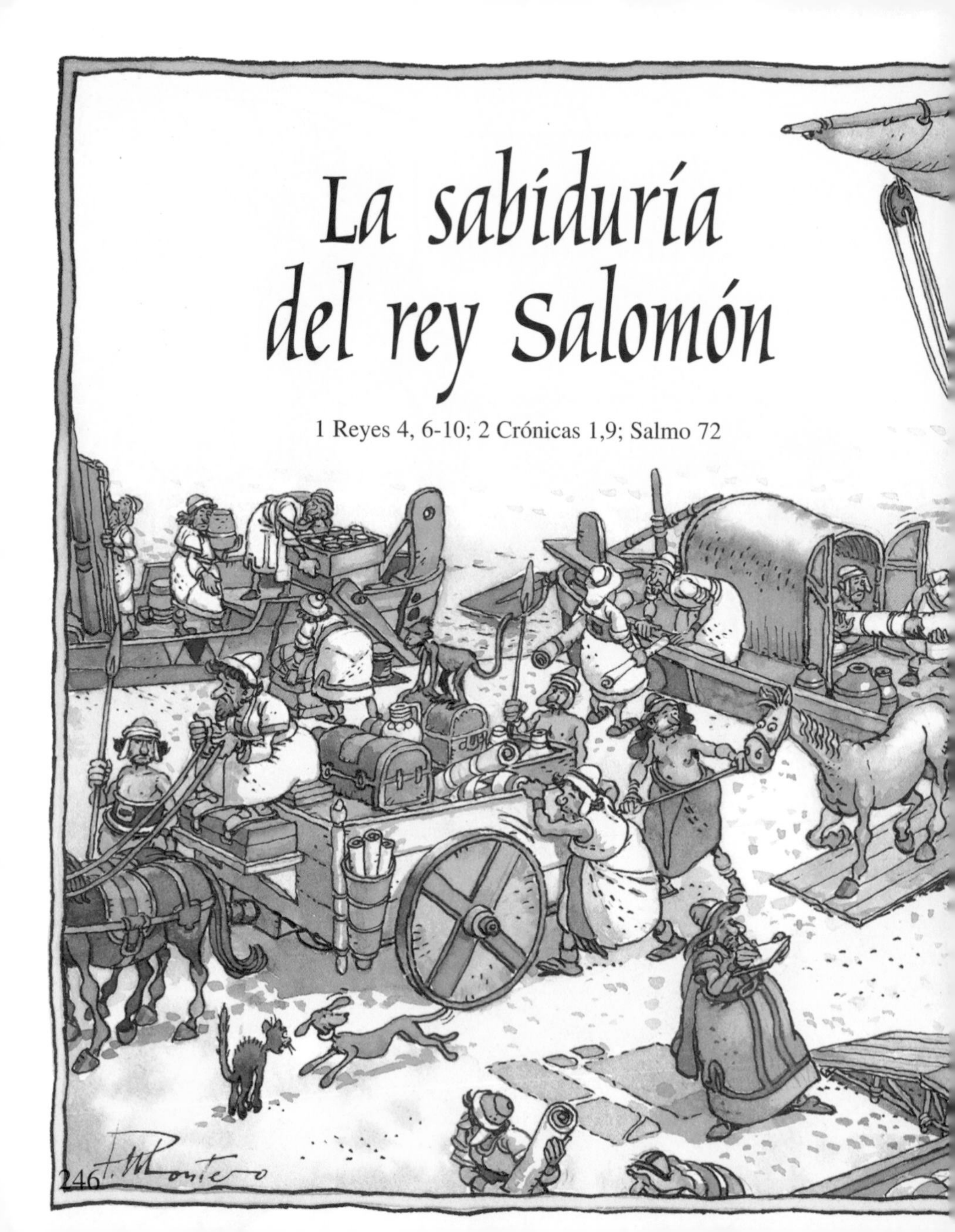

La sabiduría del rey Salomón

1 Reyes 4, 6-10; 2 Crónicas 1,9; Salmo 72

Salomón tenía poder gracias a su sabiduría. Tenía ejércitos y una flota de barcos que comerciaban con oro, plata, marfil y caballos. ¿Puedes imitar a un caballo?

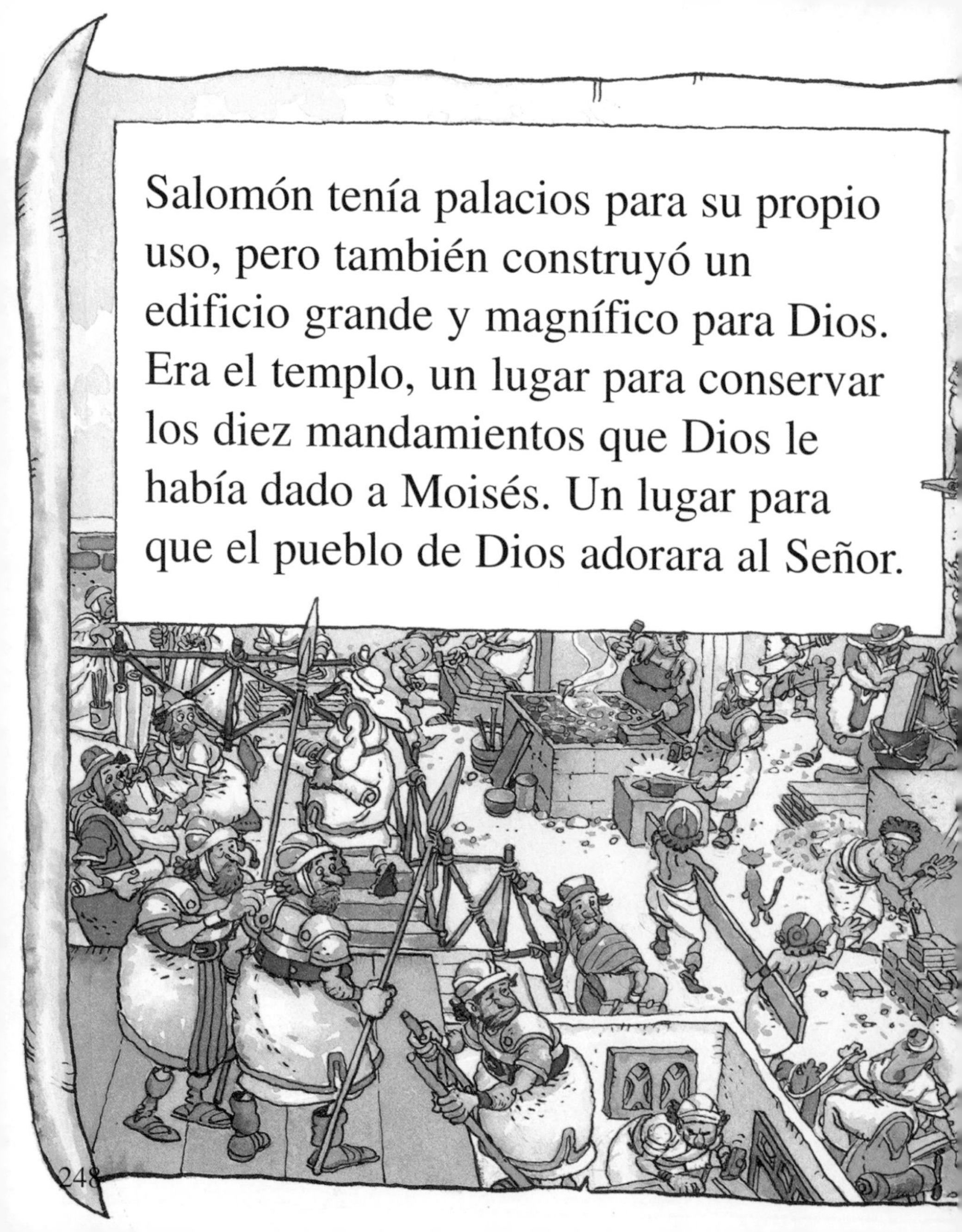

Salomón tenía palacios para su propio uso, pero también construyó un edificio grande y magnífico para Dios. Era el templo, un lugar para conservar los diez mandamientos que Dios le había dado a Moisés. Un lugar para que el pueblo de Dios adorara al Señor.

¿Puedes construir una iglesia con tus ladrillitos?

¿Te acuerdas de tu deseo? ¿Era una casa grande o una habitación más grande que la que tienes?

Salomón era tan sabio que la reina de Saba lo visitó, llevándole oro y especias como regalo.

Salomón decía que los niños debían escuchar los consejos si querían que sus padres estuvieran orgullosos. Los padres muestran su amor por sus hijos enseñándoles lo que está bien y lo que está mal.

¿Te acuerdas de tu deseo? Nombra una cosa que el dinero no puede comprar.

Elías, el profeta

1 Reyes 16-17, 19; 2 Reyes 2

Elías era un profeta. Un profeta es una persona que ve, y es enviada por Dios. Él ve lo que está pasando y, a veces, lo que va a pasar en el futuro. Cierra los ojos; luego, ábrelos. ¡Ahora puedes ver!

La misión de Elías era advertirle a la gente: "¡Vuelvan a Dios!" Como era un profeta, veía a la gente de la misma manera en que Dios lo hacía.

El rey y la mayoría de la gente ni siquiera creían en Dios. Adoraban, en cambio, dioses falsos. ¡Eso era terrible! Y TÚ, si tuvieras que advertir a alguien, ¿qué le dirías?

Dios envió a Elías a un pueblo para pedirle a una viuda y a su hijo alimento y agua. Aunque ella era muy pobre, le dio de beber de su agua y luego le ofreció su último puñado de harina y sus últimas gotas de aceite.

La viuda no tenía prácticamente nada pero, a pesar de todo, lo compartió con Elías. Dios la recompensó prometiéndole que su tazón de harina y su jarra de aceite nunca estarían vacías.
¿Qué puedes comer que contenga harina y aceite?

Elías se quedó a vivir tres años con la viuda y su hijo. ¡Pero entonces el hijo murió!
Elías le pidió a Dios que lo resucitara, ¡y Dios escuchó sus oraciones!

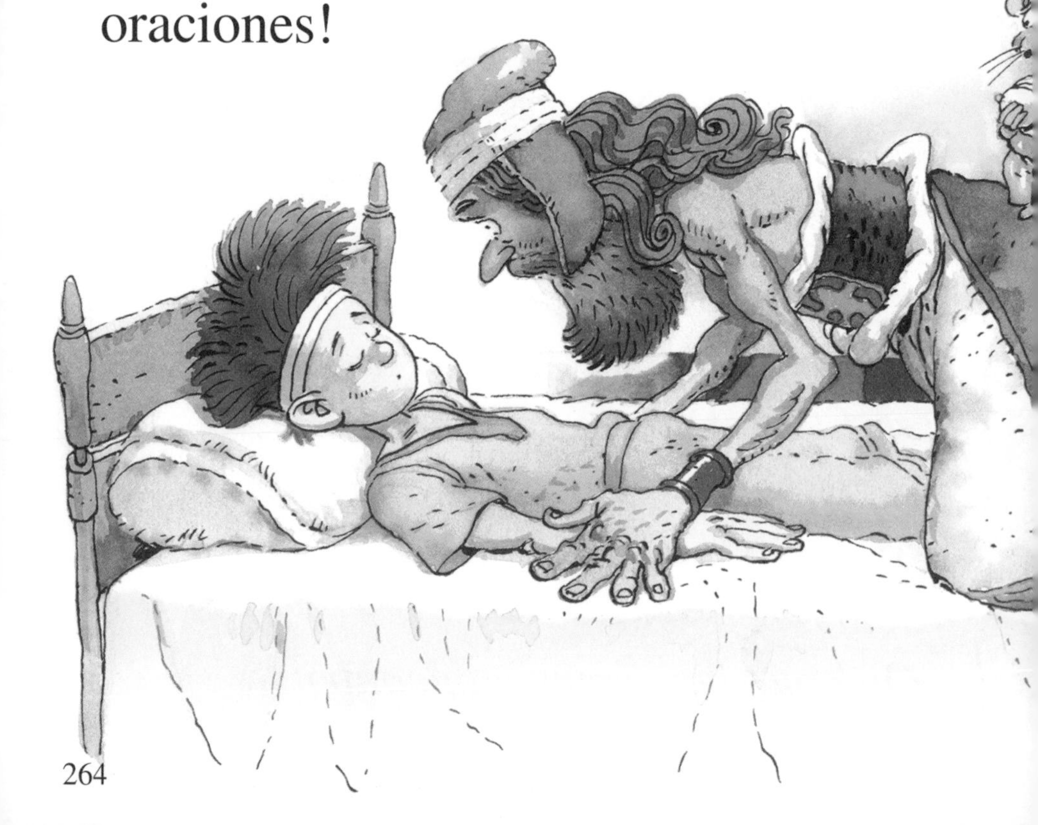

Cuando Elías llevó al hijo vivo (y que había estado muerto) ante la viuda, ella supo que Elías... ¡era un enviado del Señor!

Un día, Elías trepó a una montaña y el Señor le dijo que pasaría cerca de él. Pero Dios no se encontraba en el fuerte viento, ni en el terremoto, ni en el fuego. Elías encontró a Dios en el delicado susurro del viento.

Mueve las manos y haz un sonido como el susurro delicado del viento.

Cuando Elías era ya muy viejo, Dios le envió caballos de fuego al galope a través del cielo. Elías saltó al carro de fuego que tiraban estos caballos y así llegó al paraíso.

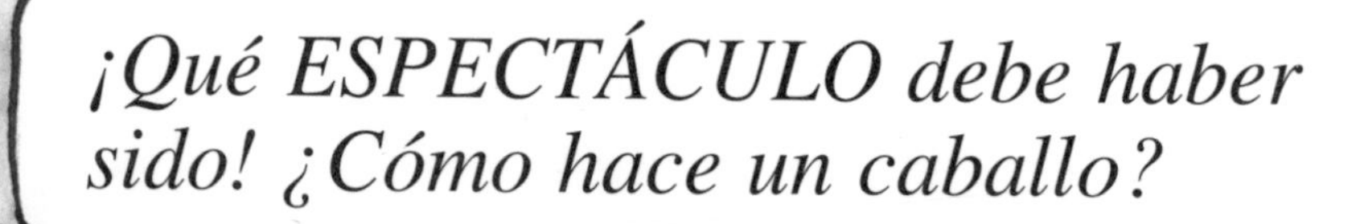

¡Qué ESPECTÁCULO debe haber sido! ¿Cómo hace un caballo?

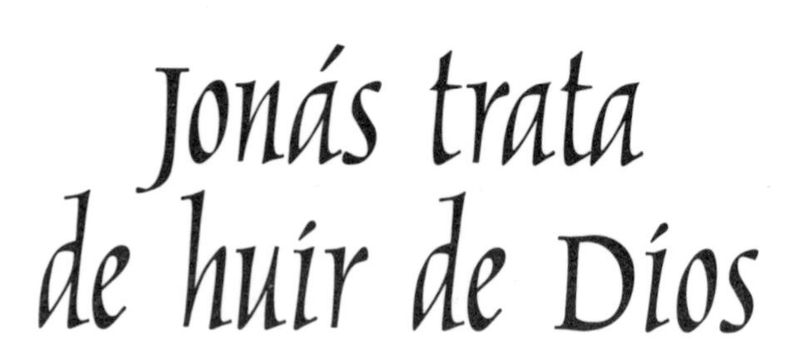

Jonás trata de huír de Díos

Jonás 1

Había una vez un hombre llamado Jonás. Dios le pidió que fuera a Nínive: “Advierte a tus enemigos que cambien de conducta.”

"¿Advertir a mis enemigos?"
—dijo Jonás— "Yo no quiero advertir
a mis enemigos, los ninivitas.
Yo quiero que Dios los castigue."
Entonces Jonás eligió no ir a Nínive.
Decidió, en cambio, ir a España.

Yo muchas veces he deseado ir a España, ¿y tú?

En lugar de Nínive, Jonás fue a Jope, subió a un barco y partió hacia España. Él pensaba que así podía huir de Dios.

Para ir a algún lugar, puedes ir derecho o puedes caminar de costado, como yo. ¡Prueba!

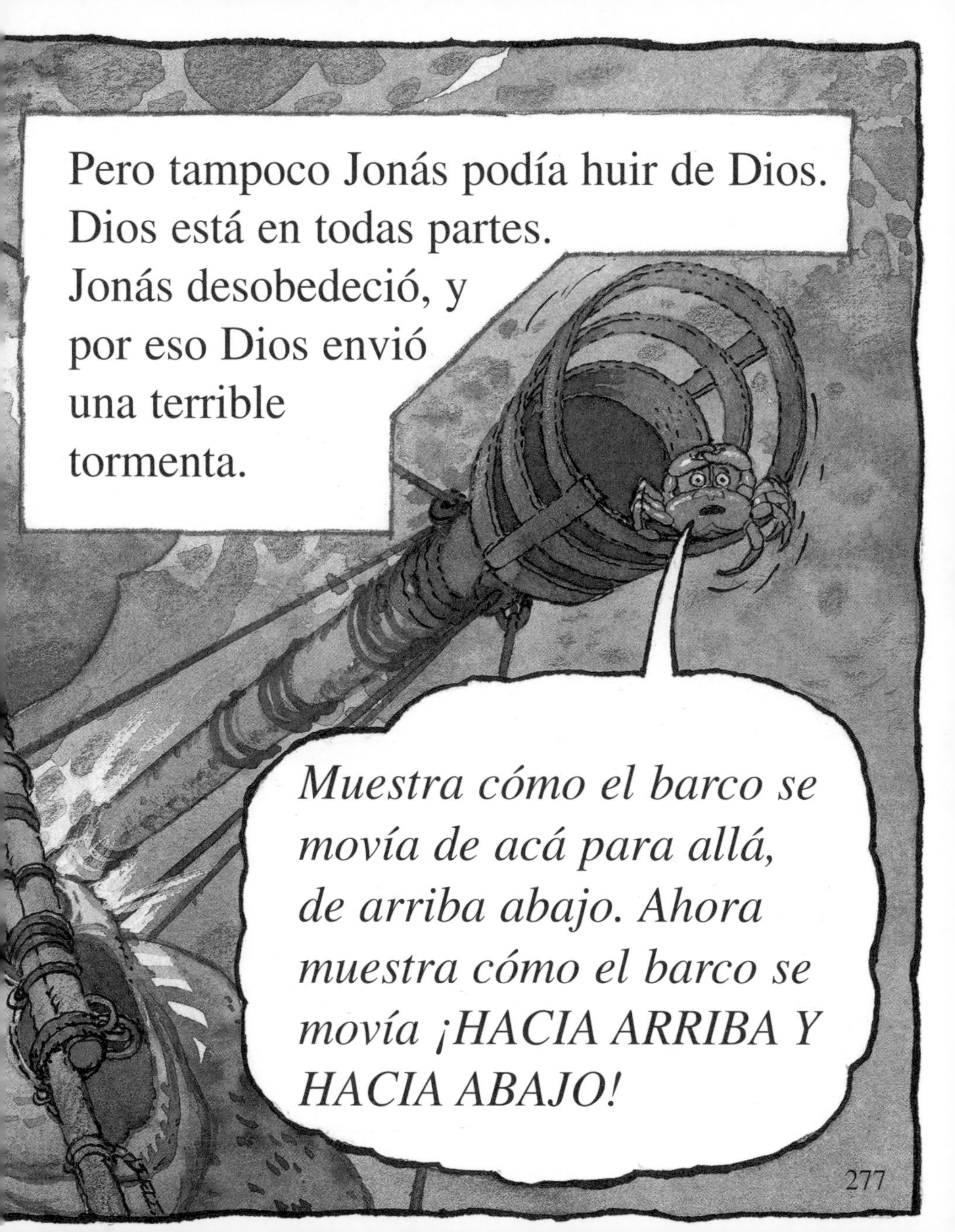
Pero tampoco Jonás podía huir de Dios.
Dios está en todas partes.
Jonás desobedeció, y
por eso Dios envió
una terrible
tormenta.
Muestra cómo el barco se movía de acá para allá, de arriba abajo. Ahora muestra cómo el barco se movía ¡HACIA ARRIBA Y HACIA ABAJO!

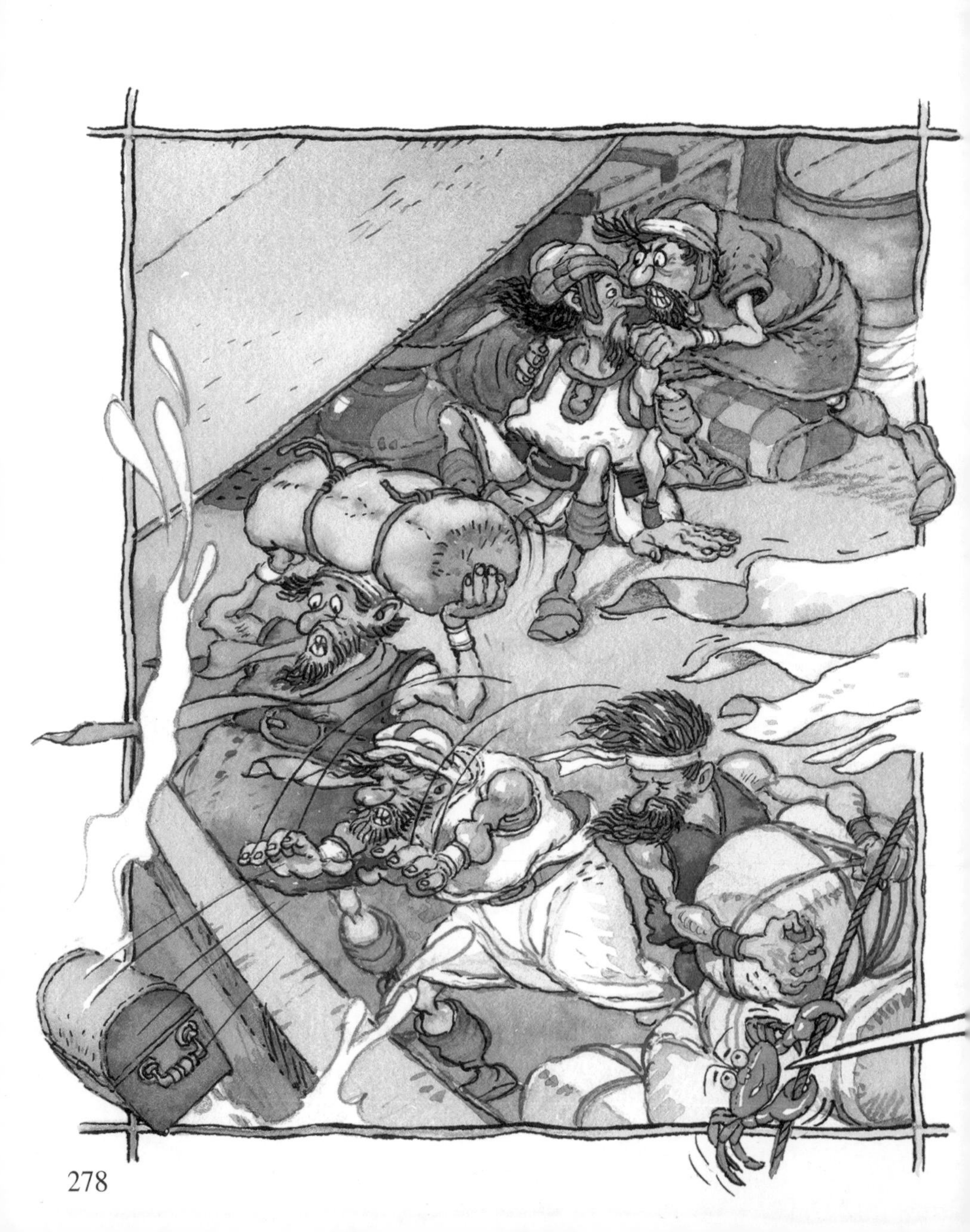

¡Los marineros no sabían qué hacer! Primero tiraron toda la carga por la borda. Luego despertaron a Jonás: "¿Qué hiciste para que Dios enviara esta tormenta?"

Los marineros querían saber cómo parar la tormenta. ¡El viento soplaba muy fuerte! ¡Prueba soplar tan fuerte como el viento!

Jonás dijo: "Esta tormenta es enteramente por mi culpa. Tírenme por la borda y se salvarán." Los marineros no querían, pero no tenían otra alternativa.

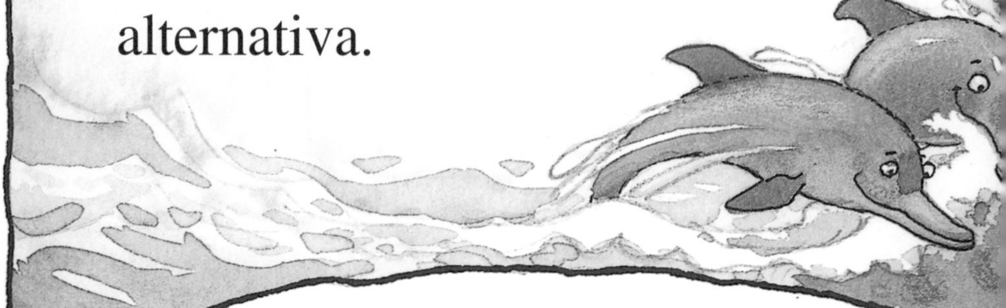

Agarraron a Jonás, y uno, dos, tres, ¡ya! Jonás cayó al mar embravecido con un gran ¡SPLASH! ¿Puedes imitar el sonido de las burbujas (aunque NO estés bajo el agua)?

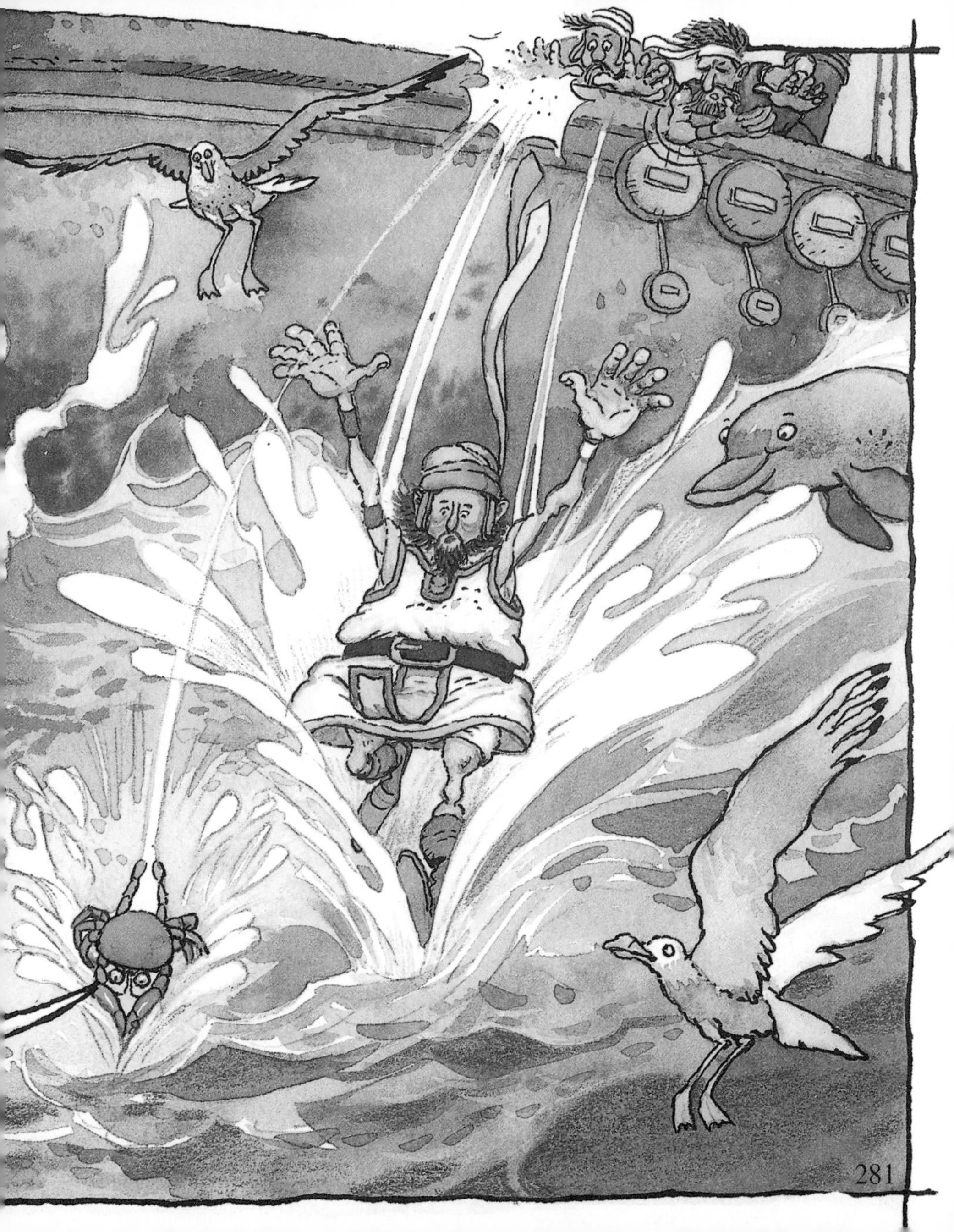

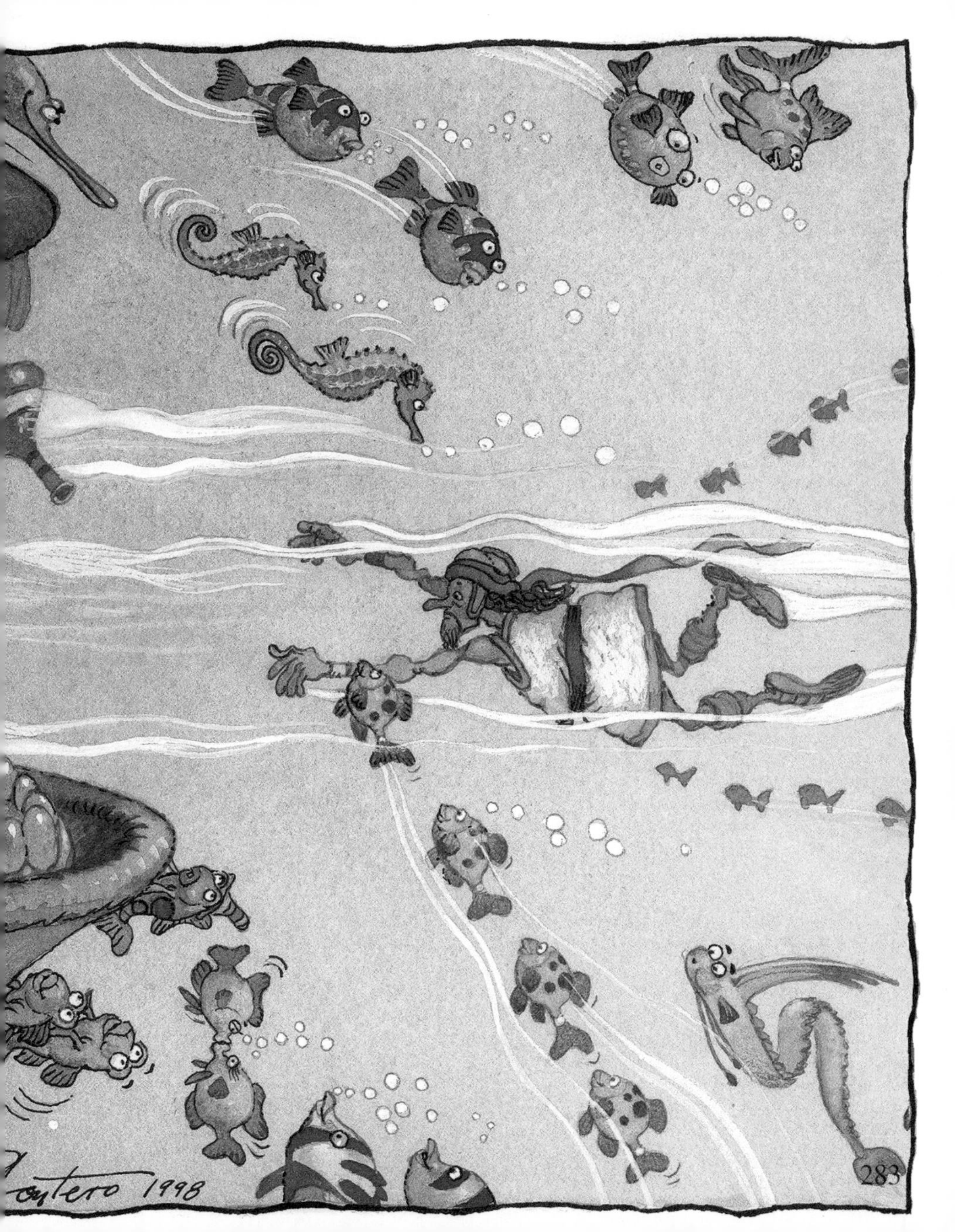

Jonás y el enorme pez

Jonás 1-4

¡GLUP! Por tres días y tres noches estuvo Jonás en el vientre de un enorme pez. Finalmente, se arrepintió y rogó. Entonces Dios hizo que el pez lo escupiera sobre una playa.

Y ESO, ¿cómo crees
que debe haber sido?

Dios todavía quería que Jonás fuera a Nínive. No a España u otro lugar, a Nínive. Entonces, ¿qué hizo Jonás esta vez? Fue a Nínive, POR FIN.

Jonás pasó todo un día recorriendo las calles de arriba abajo. Advirtió a sus enemigos que tuvieran una vida mejor o Dios los iba a castigar.

Adivinen qué pasó... ¡Los ninivitas escucharon! "¡Ay, cómo lo sentimos!" —gritaban. Se vistieron con ropas ásperas y feas para mostrarle a Dios cómo estaban de arrepentidos.

¡Y ellos lo decían en serio!

Incluso el rey estaba arrepentido. Se quitó su fina túnica y se puso ropas ásperas como el resto de los ninivitas.

Dios perdonó a los ninivitas. Ellos escucharon su mensaje y le obedecieron.

Todos rogaban y pedían a Dios que los salvara.

Y eso era lo que Dios deseaba.

Cuando Dios eligió perdonar a los ninivitas, Jonás no se puso contento. Estaba furioso y se encerró en sí mismo. Dios hizo que creciera una planta y le diera sombra.

¿Adónde vas cuando te sientes mal? ¿Qué cara crees que puso Jonás cuando pensó que Dios no había sido justo?

Entonces Dios hizo que un gusano atacara la planta y la destruyera. Ahora sí Jonás estaba REALMENTE furioso. Pero Dios le dijo: "Te preocupa una planta. Piensa cuánto más me preocupan a mí todos los hombres, mujeres y niños. ¡Por ellos te mandé a Nínive!"

Jonás fue a Nínive por otro camino. Algunos de nosotros damos un rodeo para ir a algún lado. Y como aquel que da un rodeo, el camino de Jonás fue diferente, pero al final llegó. Y de la lección aprendió tanto como lo que pesa una BALLENA.

Daniel, el prisionero

2 Reyes 25; 2 Crónicas 36; Jeremías 39-40, 52; Daniel 1

Hace mucho tiempo, había un joven llamado Daniel que era muy valiente.

Durante una terrible guerra, un ejército enemigo atacó a Jerusalén y al pueblo de Dios, tomando muchos prisioneros.

¡Pobre Daniel! Los soldados lo llevaron a Babilonia, muy, muy lejos.

lgunos decían que Daniel
ra un príncipe de Jerusalén.
ríncipe o prisionero,
aniel juró no olvidar su
ogar y su familia. ¿Qué
izo? Habló con Dios.

El rey de Babilonia se llamaba Nabucodonosor. Ordenó a los soldados buscar entre los numerosos prisioneros: “Busquen los muchachos más fuertes e inteligentes, ¡y llévenlos a la escuela especial!”

¿Puedes decir Nabucodonosor? ¡No con la boca llena! ¿Dónde está el rey?

En la escuela especial del rey, Daniel y sus amigos tenían que leer y escribir en idioma babilónico.

Incluso tenían nuevos nombres babilónicos. A Daniel lo llamaban "Beltsasar." ¿Cómo pronuncias ESO?

¿Qué es lo que te hace a TI diferente?

Tenían que comer, beber y orar como los babilonios. Finalmente Daniel les dijo a sus maestros: "¡No! No somos como ustedes. Somos diferentes."

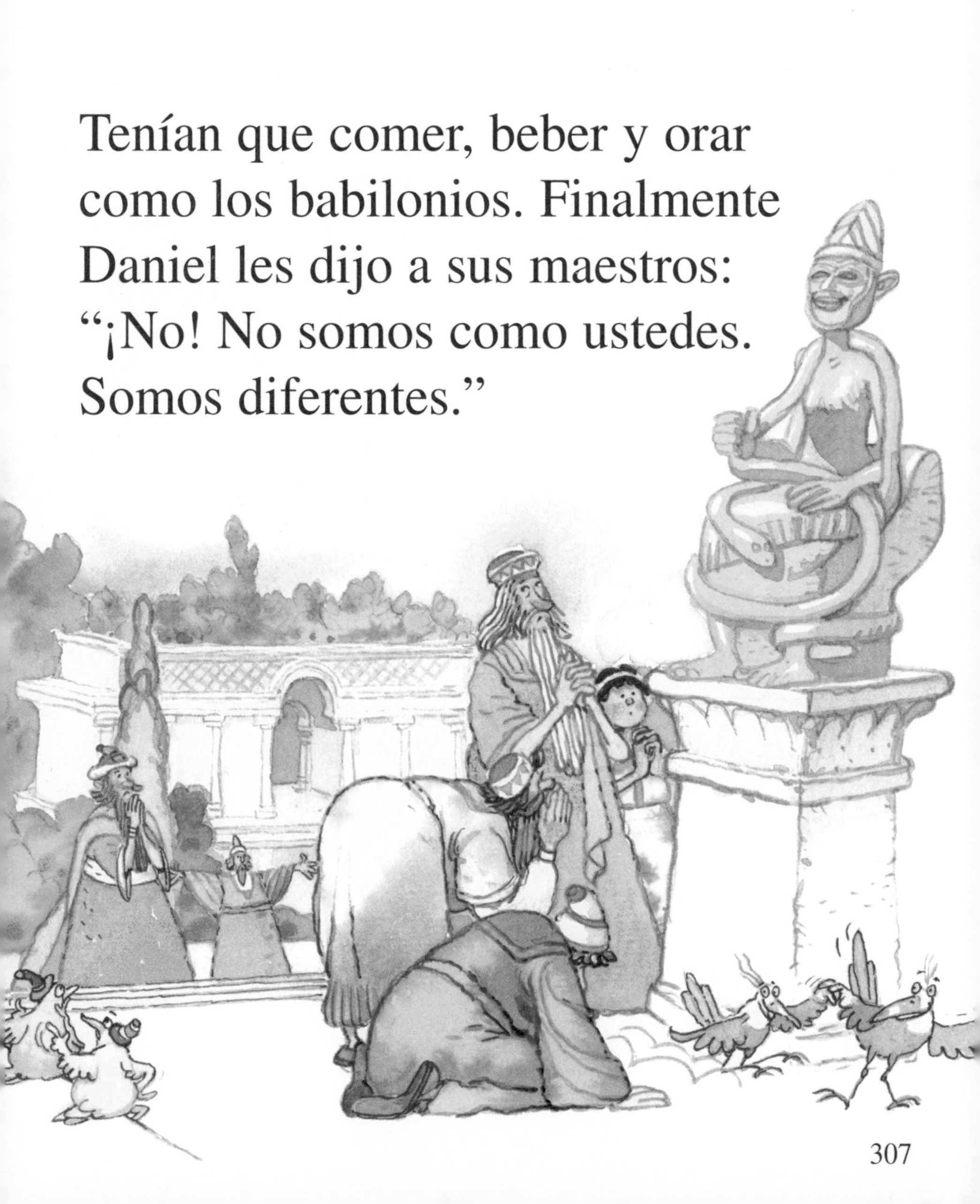

Daniel habló a sus amigos: "¡Recuerden quiénes somos! Nosotros somos diferentes a los babilonios. ¡Debemos recordar lo que nuestros padres nos enseñaron!"

Daniel y sus amigos trataban de seguir las leyes que Dios tenía para su pueblo. Nombra una cosa que tus padres te hayan enseñado a TI.

Daniel y los leones

Daniel 5-6

Años más tarde, Nabucodonosor murió. Cuando su hijo, el nuevo rey, hizo una fiesta, apareció una extraña mano.

Esta mano extraña escribió algo sobre la pared. Nadie sabía lo que decía. El rey mandó a llamar a Daniel, que le preguntó a Dios qué significaba lo escrito.

Daniel dijo que era un mensaje de Dios. Dios no estaba contento con el nuevo rey, que adoraba al oro y a la plata más que a Dios. La frase escrita decía que Dios ya había juzgado al reino y al rey. El rey recompensó a Daniel, pero esto no cambió la voluntad de Dios y ¡el rey murió esa misma noche!

El siguiente rey, Darío, quería a Daniel. Pero los enemigos de Daniel lo hicieron arrestar, engañando al rey.
Para entonces, el pobre Daniel ya era un hombre mayor, y ahí estaba él: otra vez prisionero.

"Debe castigarlo porque él
sólo adora a su Dios",
le dijeron.

¡Los guardias arrojaron a Daniel a un foso con leones! Pero Dios envió a un ángel para que mantuviera las bocas de los leones cerradas. Estuvo allí toda la noche.

¡GGGGGRRRRRR!
¡Eh, no puedo abrir la boca! ¡MMMHHHMMM!

A la mañana siguiente, Daniel no tenía ni un sólo rasguño. “Dios me ha protegido”, le dijo al rey.

¿Por qué Daniel era diferente? ¿Qué hacía todos los días, incluso cuando lo ponían con los leones? ¡Daniel hablaba con Dios! Y TÚ, ¿hablaste con Dios hoy?

Ester, la bella

Ester 1

Había una vez un rey que buscaba una reina por todas partes.

El rey llevó a las mujeres más hermosas al palacio. Allí esperaron un año antes de saber quién sería elegida. Comían los mejores manjares, usaban los más preciosos maquillajes, los más dulces perfumes y recibían los mejores masajes.

Haz un masaje en los hombros de la persona que te está leyendo. ¡Ahora te toca a ti!

Una de las muchachas se llamaba Ester. Era muy especial, y no precisamente porque era muy hermosa, sino porque guardaba un secreto especial. El secreto de Ester era que era judía, miembro del pueblo elegido por Dios.

¿Cuál es tu secreto más divertido, tu secreto favorito? ¡Vamos, cuéntame!

Cuando le llegó a Ester el turno de encontrarse con el rey, ¡no hubo más dudas!
El rey la eligió y ella se convirtió en la reina Ester.

¿Qué crees que era lo hermoso en Ester? ¿Qué crees que Dios vio en Ester que era tan maravilloso?

La reina Ester salva a su pueblo
Ester 2-7

El rey amaba a Ester pero no sabía que era judía. Cuando una nueva y terrible ley ordenaba que se mataran a todos los judíos, Ester oró a Dios y luego fue a hablar con el rey.

Ester sabía que el rey podía hacerla matar por ir a verlo sin estar invitada.
¿Se enojaría?

El rey sonrió cuando vio a Ester: "Claro que quiero verte, Ester, ¿qué deseas de mí?"
Ester confiaba en Dios. Le pidió al rey una cena y allí ¡le contó todo!

Si tú fueras rey o reina, ¿qué pedirías para cenar cada día?

El rey ayudó a Ester. Más tarde celebró, dándoles regalos a los pobres. Luego hizo una enorme fiesta que llamó Purim, o Fiesta de las suertes, recordando el momento en que Dios usó a la valiente y hermosa Ester para salvar al pueblo judío.

La Fiesta de las suertes se celebra aún hoy, como agradecimiento a la valiente Ester, que confió en Dios para salvar a su pueblo.

EL NUEVO TESTAMENTO

María y José

Lucas 1; Mateo 1

La historia de Navidad comenzó cuando una luz brillante despertó a una joven llamada María. Un ángel le dijo: "María, eres una persona muy especial. Dios te ha elegido para que seas la madre de Jesús, el hijo de Dios."

Cierra los ojos. Contén la respiración. Imagínate a un ángel parado junto a tu cama, ¿qué diría?

María iba a casarse con José. Cuando ella le contó sobre el bebé, él se agarró la cabeza: “No lo entiendo.”

¿Qué harías si hubiera algo que no entiendes? ¿A quién podrías pedir ayuda?

Dios le envió a José un ángel en un sueño. El ángel le dijo: “No tengas miedo de casarte con María. Ella dice la verdad sobre el bebé. Lo llamarán Jesús.”

Y la Navidad trata precisamente de eso: del niño Jesús.

Cuando Jesús estaba por nacer, María y José tuvieron que hacer un largo viaje. María viajó sobre un burro todo el camino desde Nazaret a Belén.

Jesús estaba creciendo en el vientre de María. ¿Conoces a alguien que está por tener un bebé? Ahora puedes orar por ese bebé.

Cuando María y José llegaron a Belén, ¡no tenían dónde alojarse! La ciudad estaba llena de gente. Adonde iban recibían siempre la misma respuesta.

¡Toc! ¡Toc! ¡Toc! "¡Aquí no hay lugar!"

La primera Navidad

Mateo 1-2; Lucas 2

La noche en que Jesús nació, los pastores en las colinas vecinas vieron ángeles cantando en el cielo. “¡Gloria a Dios! ¡Un salvador ha nacido!”

Los pastores dijeron: "¡Miren!"

Los pastores corrieron esa noche
hacia el interior de una cueva. “¡Miren!”

Adentro se encontraron con un establo, dos personas y Jesús, el bebé recién nacido.

María y José llevaron a Jesús al templo. Un anciano llamado Simeón bendijo a Jesús y dijo: “Ahora he visto la luz que salvará a toda la humanidad.”
Una anciana llamada Ana dijo: “Sí, este es el salvador.”

¿Con qué otros dos nombres se le llama aquí a Jesús?

Tres hombres sabios que vivían muy lejos de Belén vieron una estrella gigante. Hicieron un largo camino montados en sus camellos para averiguar qué significaba ese astro brillante. Llamaron al niño: rey de los judíos.

Tírate bajo el árbol de Navidad y entrecierra los ojos; puede ser que las luces parezcan estrellas.

Estos tres hombres sabios llevaron a Jesús regalos fantásticos, dignos de un rey.

Le dieron oro, un rico perfume llamado mirra, e incienso, que tenía un olor dulzón cuando se lo encendía.

Jesús es la luz que nos ayuda a ver; la luz que nos muestra el CAMINO. De ESTO se trata la Navidad: del niño Jesús.

A Jesús lo llaman luz del mundo. En esta primera Navidad, Jesús fue el regalo de Navidad que Dios nos dio.

Los milagros de Jesús

Mateo 9; Marcos 2; Lucas 5.17-26; Juan 2.1-11

Una vez, en un casamiento, María le pidió a Jesús ayuda, porque el vino se había acabado. ¡Jesús convirtió el agua en vino! Un milagro es algo que ocurre con la ayuda de Dios, incluso cuando la gente no lo cree.

Una vez, cuando
Jesús estaba en una
casa enseñando,
¡alguien hizo un
agujero en el techo!
Cuatro hombres
bajaron a una
persona que no
podía caminar.
Y Jesús lo curó.

Levanta las manos bien alto y trata de tocar el techo, ¿necesitas ayuda?

Una vez había diez hombres muy enfermos. “Por favor, ¡ayúdanos!” —le suplicaron a Jesús. Y él así lo hizo; los curó.

Un día, una mujer enferma llegó hasta Jesús a través del gentío y le tocó la túnica. Él lo sintió y le dijo: "Tu fe te ha sanado." ¡Y se curó!

María, Marta y su hermano Lázaro eran buenos amigos de Jesús. Una vez, cuando Jesús estaba ausente, Lázaro se enfermó mucho y falleció. Pero Jesús regresó ¡y lo resucitó!

¿Qué es un milagro? ¡TÚ eres un milagro! Jesús te hizo, ¡y ése es el milagro más maravilloso de todos!

Simón Pedro, la piedra

Mateo 4,18-20, 12, 14-16, 19-20;
Marcos 1, 3, 6, 8, 10;
Lucas 4-9, 11, 18;
Juan 1, 3-4, 6, 9;
Hechos 8-12, 15;
Gálatas 2;
Pedro 1 y 2

¿Qué pesca un pescador?

Había una vez un pescador llamado Simón. Un día, Simón estaba pescando con su hermano. Jesús vino hasta él navegando en otra barca y le dijo "¡Ven, sígueme!" Jesús eligió a Simón junto a otros once hombres para que fueran sus seguidores más cercanos, o apóstoles.

¿Puedes contar cuántos apóstoles había?

Simón y los otros apóstoles siguieron a Jesús de pueblo en pueblo, escuchando y aprendiendo.

Jesús enseñaba: "El amor es el mandamiento más importante."

Y cada vez que Jesús enseñaba, la multitud se hacía más y más grande. "Síganme", decía llamando a la gente.

Juega a seguir al líder. Marcha alrededor de la habitación; luego date vuelta, ¿quién te sigue ahora?

Simón veía cómo Jesús sanaba a los ciegos y a los discapacitados. No podía creer lo que veía.

Con cuidado, prueba dar cinco pasos con los ojos cerrados. Ahora ábrelos, ¿qué ves?

Simón siguió a Jesús por más de dos años. Cuanto más escuchaba a Jesús y conocía su corazón, más LO amaba. Un día Jesús le dijo: “Tu nombre es Simón, pero desde ahora te llamarás Pedro.”

Y Jesús dijo: “Algún día conducirás a la gente que me sigue. Ellos son mi iglesia. Tú serás la piedra o fundamento sobre el que construiré esta iglesia.” Pedro significa Piedra.

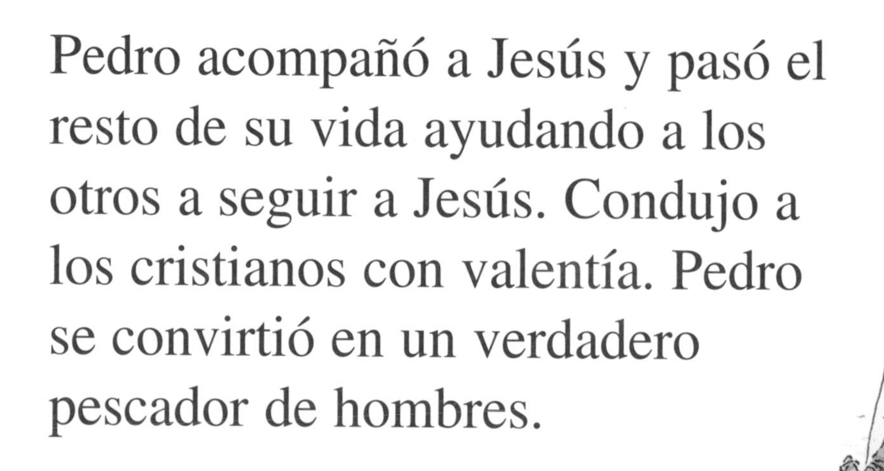

Pedro acompañó a Jesús y pasó el resto de su vida ayudando a los otros a seguir a Jesús. Condujo a los cristianos con valentía. Pedro se convirtió en un verdadero pescador de hombres.

¿Qué pesca un pescador de hombres?

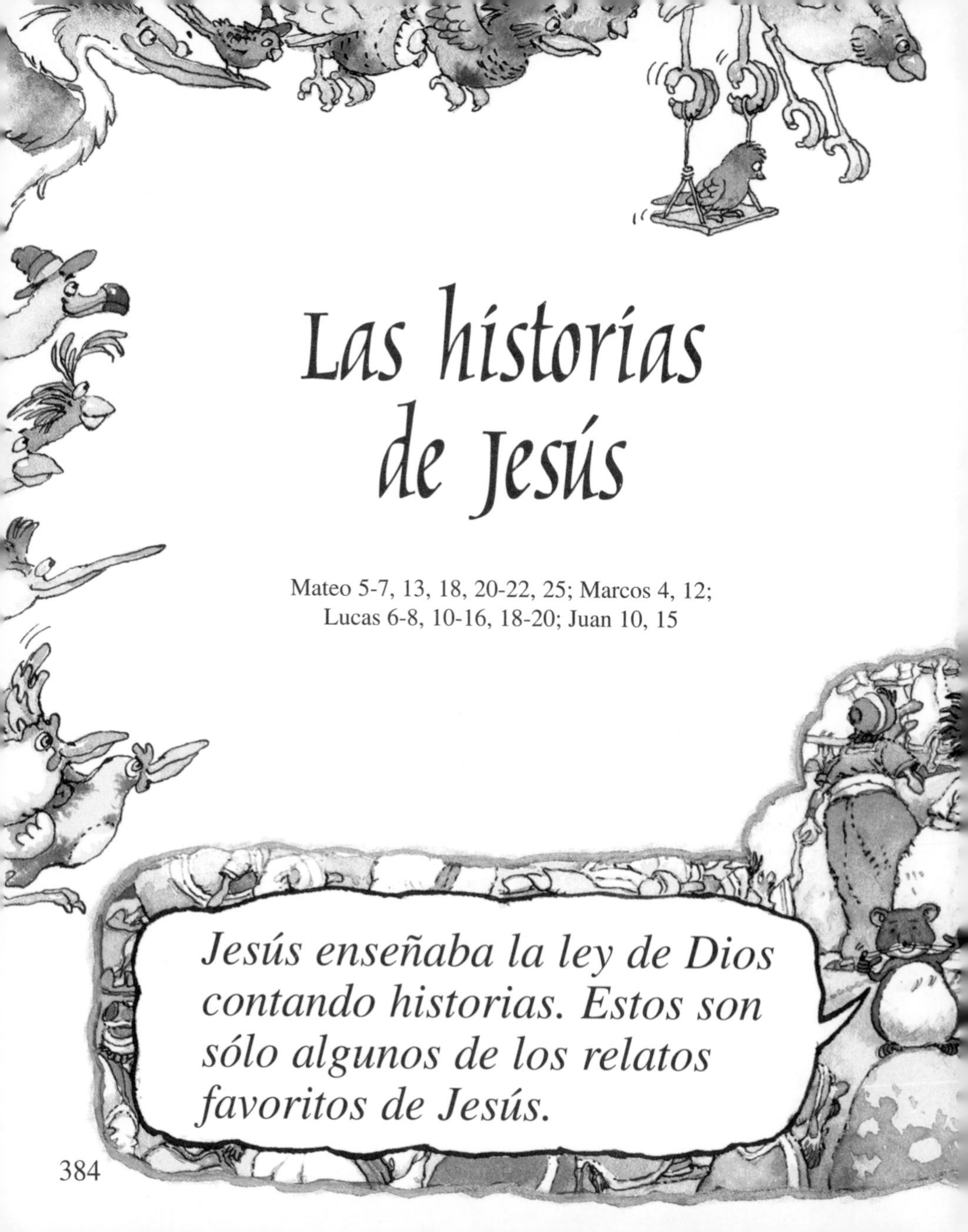

Las historias de Jesús

Mateo 5-7, 13, 18, 20-22, 25; Marcos 4, 12;
Lucas 6-8, 10-16, 18-20; Juan 10, 15

Jesús enseñaba la ley de Dios contando historias. Estos son sólo algunos de los relatos favoritos de Jesús.

Jesús dijo que no había que preocuparse por la ropa y la comida. Dios sabe lo que la gente necesita. Jesús dijo a sus seguidores que ellos eran más valiosos que las flores que crecían de la tierra y los pájaros que volaban. Aunque Dios también cuida de las flores y los pájaros.

¿Qué colores de flores y pájaros viste hoy?

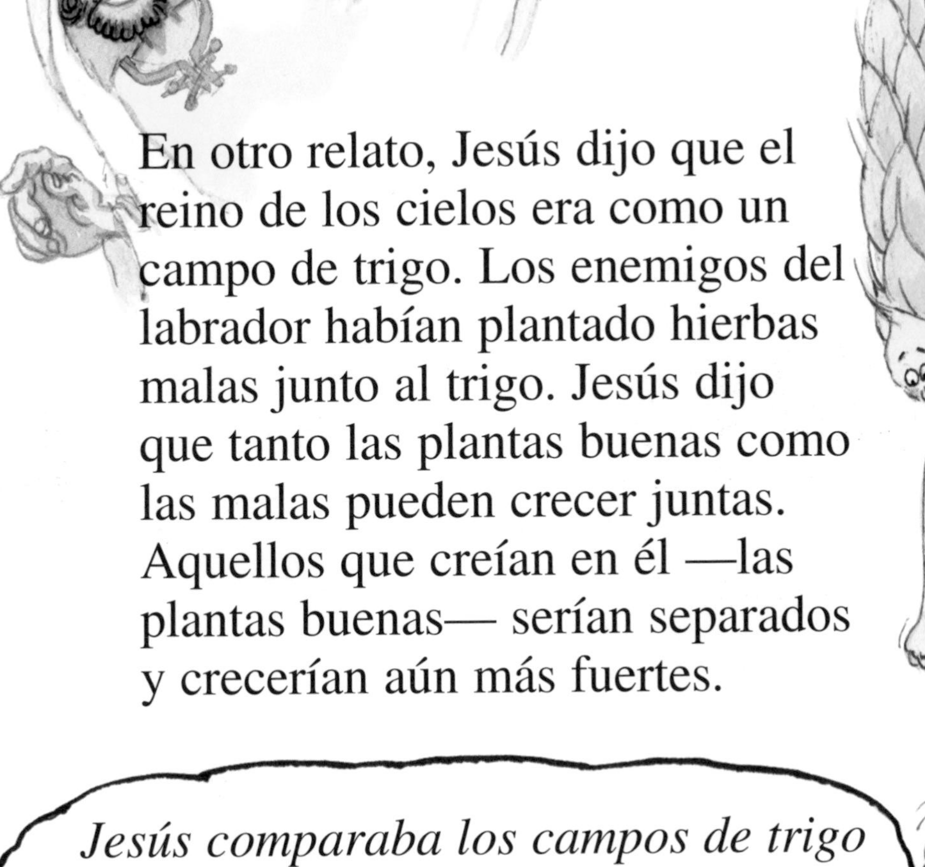

En otro relato, Jesús dijo que el reino de los cielos era como un campo de trigo. Los enemigos del labrador habían plantado hierbas malas junto al trigo. Jesús dijo que tanto las plantas buenas como las malas pueden crecer juntas. Aquellos que creían en él —las plantas buenas— serían separados y crecerían aún más fuertes.

Jesús comparaba los campos de trigo con el mundo. ¿Alguna vez plantaste algo y esperaste a que creciera?

Jesús contó otra historia sobre un hombre que golpeó y golpeó la puerta de su vecino porque necesitaba pedirle prestado un poco de pan para otro amigo.

¿Qué pasa cuando golpeas la puerta? A ver, prueba. Cuando oras, es como golpear la puerta del cielo. Dios siempre escucha tus oraciones, no importa cuán bajo las digas.

Jesús contó la historia de un joven que deseaba tener más cosas. Quería más dinero, más cosas, más amigos y viajar más. Entonces se fue de la casa. Fue un día triste para su padre.

Y TÚ, ¿qué es lo que más deseas?

Poco tiempo después el joven se quedó sin dinero y empezó a trabajar alimentando cerdos. Pero los cerdos recibían más comida que él, así que regresó a su casa. Su padre lo recibió con los brazos abiertos.

Nada es más importante que el amor de Dios. ¿Puedes abrazar a alguien a quien amas?

Jesús y los niños

Mateo 14, 19; Marcos 6, 10;
Lucas 9, 18; Juan 6

Una vez, los amigos de Jesús le dijeron a unos niños: "¡Váyanse, dejen a Jesús solo!" Pero Jesús les dijo: "¡No! Dejen que los niños vengan a mí."

A Jesús le gustaba enseñar a niños de todas las edades. Una vez, al final de un largo día, los amigos de Jesús le dijeron: "Mándalos a casa; están todos hambrientos." Pero Jesús dijo que todavía deseaba enseñarles más cosas.

Jesús preguntó: “¿Quién tiene algo para comer?” Un niño dio un paso al frente: “Yo tengo algo de pescado y pan, señor. Voy a repartirlos, pero no hay mucho.”

Todo el mundo se quedó quieto. Jesús levantó los ojos al cielo. Invocó a Dios y agradeció a su Padre por los alimentos. Después bendijo el pan y lo partió en muchos pedazos.

¡Sorpresa! ¡Había mucho más pan y más pescado, incluso más de lo que la gente necesitaba! Con la bendición de Jesús, un niño pequeño como tú puede ser de GRAN importancia.

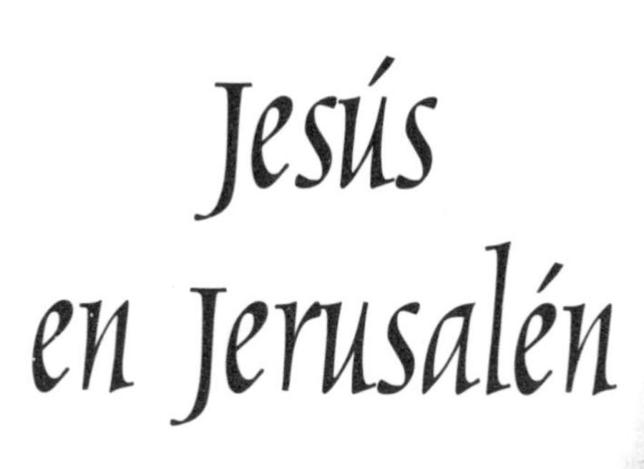

Jesús en Jerusalén

Mateo 21, 26-27; Marcos 11, 14-15; Lucas 19, 22-23; Juan 12-13, 18

Cuando Jesús entró en Jerusalén, la gente lo aclamó en una procesión. Agitaban ramas de palmera. Agita las manos. ¡Viva Jesús!

Los jefes del templo no querían a Jesús. Pagaron treinta monedas de plata a Judas, uno de los apóstoles, para que les ayudara a atraparlo.

¿Por qué crees que esta gente
no quería a Jesús?

En las comidas pedimos la bendición de Dios. Significa que agradecemos a Dios.

En Jerusalén, Jesús agradeció a Dios por el pan y por el vino. Dividió el pan en pedazos y se los ofreció junto con vino a sus amigos.

Pero Judas condujo a los enemigos de Jesús directamente hasta él. ¡Pedro se defendió y le cortó la oreja a uno de los guardias! Jesús tomó la oreja y lo curó. Jesús nos enseña a amar a nuestros enemigos.

Jesús enseñó que no debemos hacer daño
a la gente, aun cuando estamos enojados.

Cuando los guardias se llevaron a Jesús, Pedro tenía miedo. "Tú conocías a Jesús, ¿no?" —le preguntaron— pero él dijo: "¡No!" ¡Tres veces! A la tercera vez escuchó el canto de un gallo. Entonces se acordó... Jesús le había dicho: "Me negarás tres veces antes que cante el gallo." Pedro estaba muy triste.

¿Cómo suena el canto del gallo?

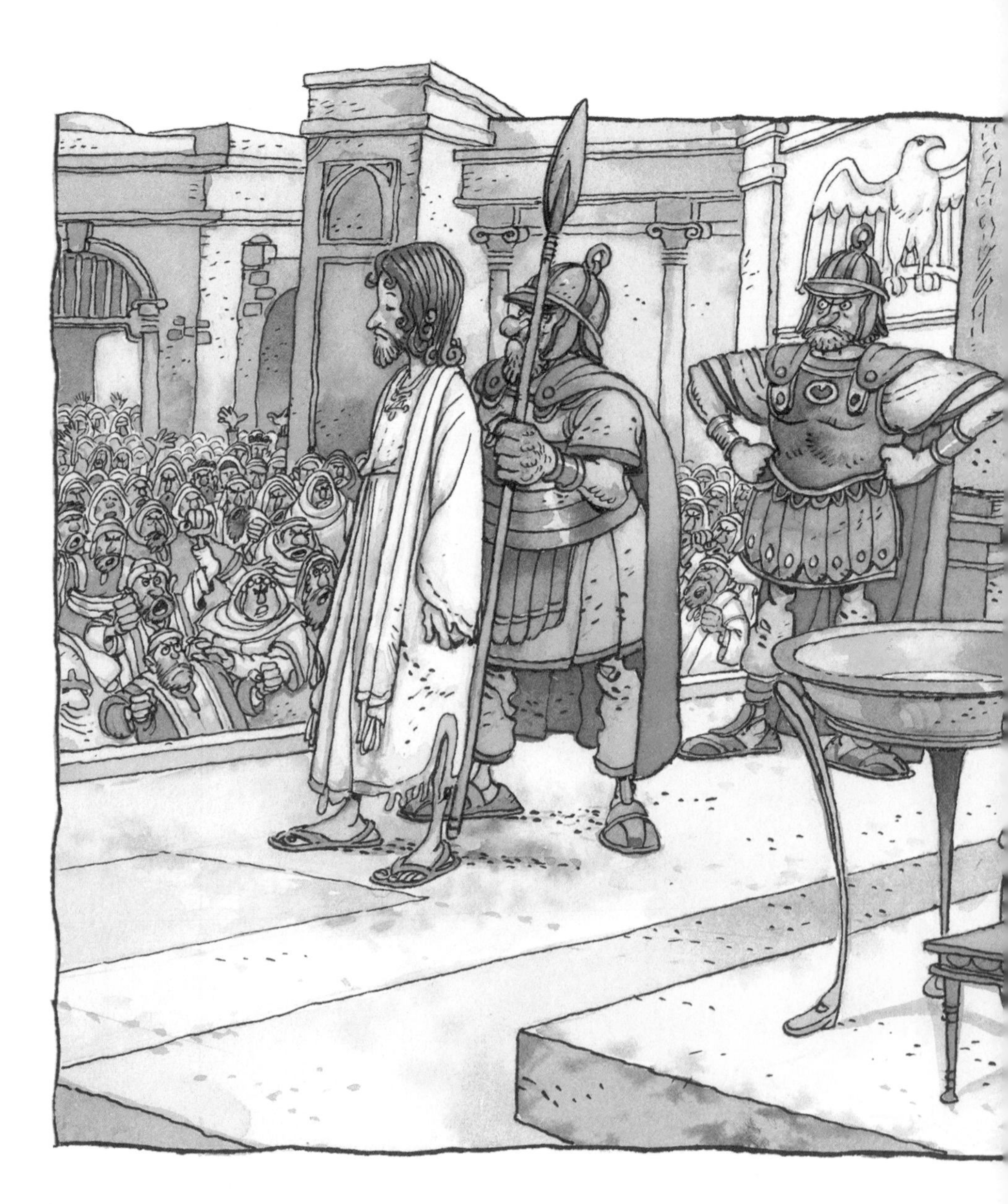

Los enemigos de Jesús lo llevaron ante un juez. “¡Crucifícalo!” —gritaban. ¡Qué palabras terribles decían sus enemigos! ¿Había hecho algo malo? ¿Estaba enojado con sus enemigos? ¡No!

La primera Pascua

Mateo 27-28; Marcos 15-16; Lucas 23-24; Juan 14, 19-21; Hechos 1

Los enemigos de Jesús lo clavaron en una cruz, donde murió. Sus amigos y su familia lloraban y estaban muy tristes. Lo bajaron de la cruz y lo pusieron con cuidado en una tumba especial en una cueva, con guardias afuera.

Esta historia se refiere a una nueva vida a través de Jesús. Cuando Jesús murió, todo se veía muy oscuro, tal como dentro de mi capullo.

Pocos días después, los amigos de Jesús regresaron a la cueva. ¡Estaba vacía! "¿Dónde está Jesús?" —gritaban. Los guardias no sabían nada.

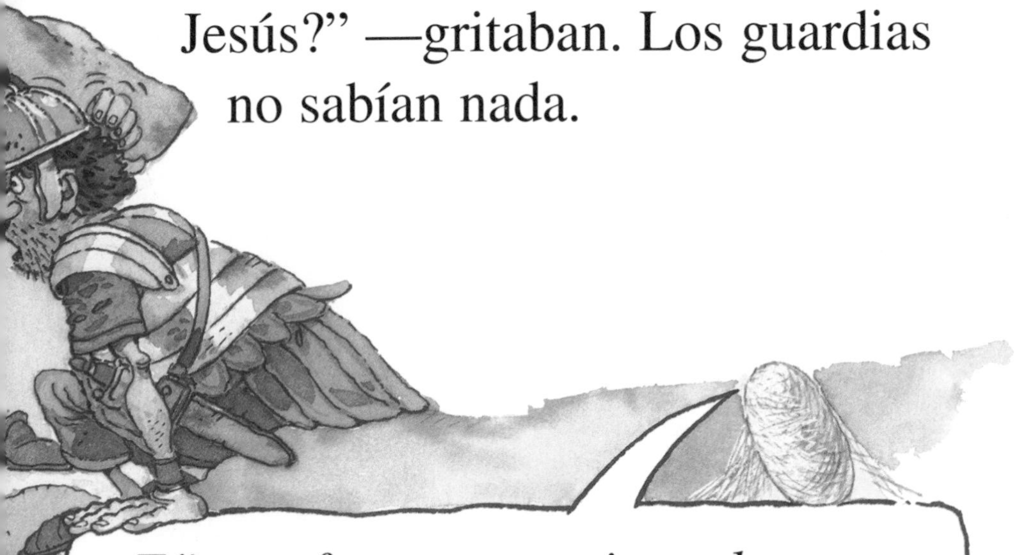

Fíjate afuera a ver si puedes encontrar signos de un milagro de vida nueva: un árbol pequeñito, una flor, el sol de la mañana.

Un ángel dijo: “No teman. ¿Están buscando a Jesús? ¡Jesús ha resucitado! ¡No está muerto! ¡Alégrense! Entren y miren donde lo habían puesto. ¡Ya no está allí! Ahora vayan y cuéntenles a todos que está vivo.” Las mujeres salieron corriendo, apenas creyendo lo que habían visto y oído.

¡Miren lo que me ha pasado! ¿Te parece que fue un milagro? ¿En qué día feriado recordamos esta historia?

Luego de resucitar de entre los muertos, Jesús visitó a sus amigos que estaban pescando y les dijo:

"¡Tiren de nuevo la red!"

Y entonces atraparon tantos peces que la red estaba a punto de reventarse.

¿En qué estación cae la Pascua? ¡No en el invierno, no en el otoño, no en el verano! ¡EN PRIMAVERA!
La primavera es la época cuando nacen los corderos y las mariposas. Es un momento de nueva vida. Tenemos una nueva vida cuando creemos en Jesús y LO seguimos.

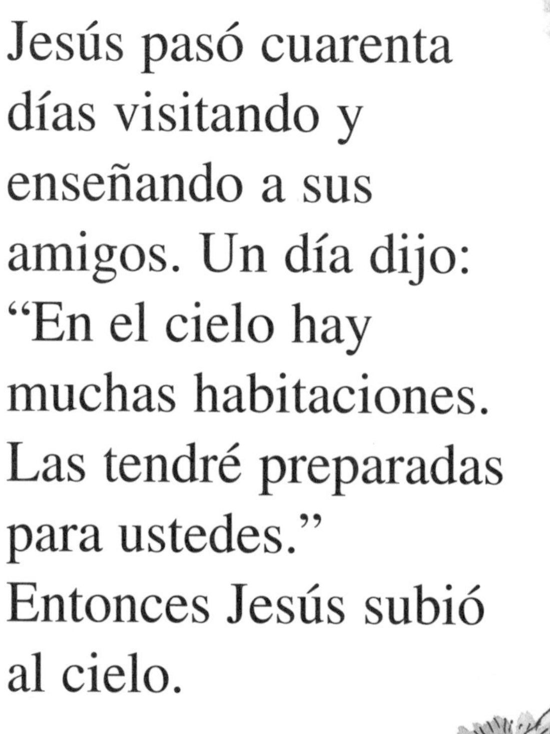

Jesús pasó cuarenta
días visitando y
enseñando a sus
amigos. Un día dijo:
“En el cielo hay
muchas habitaciones.
Las tendré preparadas
para ustedes.”
Entonces Jesús subió
al cielo.

¿Cuántas habitaciones hay en tu casa? ¿Cuántas señales de nueva vida se te ocurren? Ahora, agradece a Dios por cada una de ellas.

La transformación de Pablo

Hechos 7-9, 11, 13-28; Cartas de Pablo

Saulo persiguió a los seguidores de Jesús hasta que una luz brillante lo cegó.

Saulo escuchó la voz de Jesús que decía: "Cuando persigues a mis discípulos, me persigues a mí." Entonces Dios ayudó a Saulo a darse cuenta de que Jesús es el hijo de Dios.

Cuando Jesús ayudó a Saulo a recuperar la vista, le dio un nuevo nombre; a partir de ese momento se llamaría Pablo. Después de su transformación, Pablo viajó por todas partes contándoles a todos los que encontraba sobre el amor de Jesús.

Grecia y Turquía son dos de los países que Pablo visitó. ¿Los puedes encontrar en un mapa?

Cuanto más hablaba Pablo a la gente sobre Jesús, más lo arrestaban y castigaban los enemigos de Jesús.

Durante sus numerosos años en prisión, Pablo escribió varias cartas a sus amigos. Enseñaba sobre el amor de Dios.

Y tu familia, ¿escribe cartas?

Díos promete un mundo nuevo

Mateo 4, 10; Marcos 1, 3; Lucas 5-6; Juan 1;
Apocalipsis 1,3, 17-22

Juan era un discípulo de Jesús.

Cuando Juan era anciano, tuvo una visión, que era un mensaje especial de Dios. Juan escribió las palabras de Jesús: "Estoy aquí para entrar en todos los que quieran tenerme en su vida. Estoy junto a la puerta, golpeando, esperando a aquellos que oigan mi voz y abran la puerta."

Ve hacia la puerta y ciérrala. Luego pide a la persona que te está leyendo que golpee. Abrir la puerta y dejarla entrar es como permitir que Jesús entre en tu corazón.

En la visión de Juan, él escuchó música y vio una enorme muchedumbre, los seguidores de Jesús de todos los tiempos y de todos los países. ¡Nadie podía contar tanta gente!

Trata de contar toda la gente que hay en el dibujo. Yo soy el corderito, ¿puedes encontrarme?

La visión de Juan acerca del cielo nos muestra cómo será el reino de Dios. No habrá más gente mala ni tristeza.

Nombra tres cosas a las que se parece el cielo, según tu opinión.

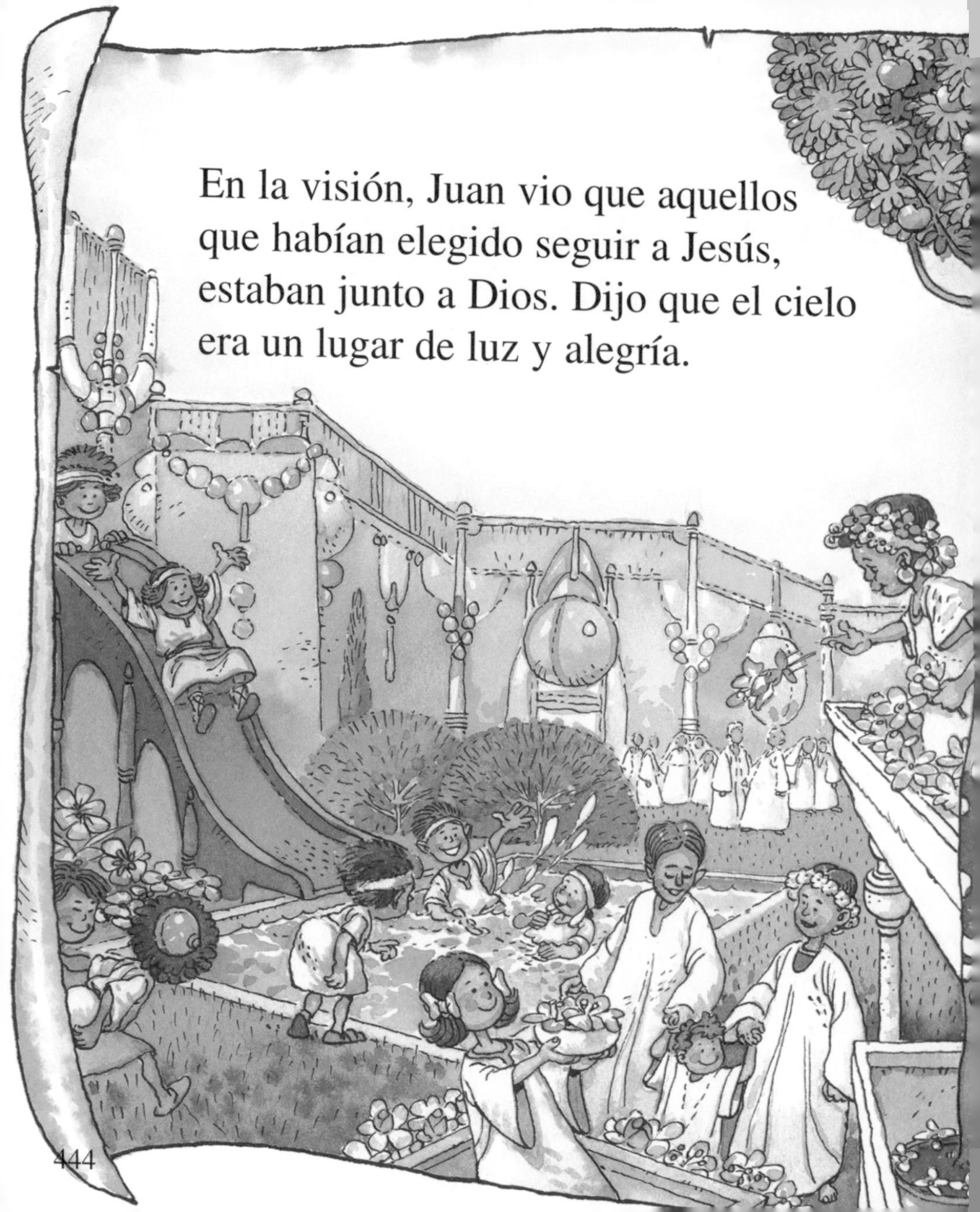

En la visión, Juan vio que aquellos que habían elegido seguir a Jesús, estaban junto a Dios. Dijo que el cielo era un lugar de luz y alegría.

Juan escribió muchas veces sobre la luz y sobre el reino de Dios como un sitio de luz. Apaga la luz y luego enciéndela. ¿Quién es la luz del mundo?

Juan escribió
lo que Jesús había dicho:
"¡Escuchen! Pronto volveré.
Yo estuve en el comienzo de todas
las cosas y estaré allí en el final."

En el principio había oscuridad.
Al final, con Jesús, habrá luz.
Ahora di con la persona que te está
leyendo las últimas palabras que
Juan escribió: "¡Ven, Señor Jesús!"

Sobre el ilustrador:

José Pérez Montero es pintor e ilustrador, ganador de varios premios, quien ha ilustrado más de setenta libros de cuentos para niños. Empezó vendiendo sus obras a la edad de trece años, y ha estudiado en las escuelas de San Fernando y el Círculo de Bellas Artes, en Madrid. Sus retratos y paisajes han sido mostrados en numerosas exposiciones a lo ancho de toda España. Durante los últimos treinta años ha hecho ilustraciones para historietas, anuncios de propaganda y libros de texto, pero es más reconocido por sus ilustraciones de libros de cuentos, que han sido publicados en más de cuarenta países. Sus trabajos han sido seleccionados para la exposición de 1993-1998 - *"Illustrator 38"* de la Sociedad de Ilustradores. Vive en España con su esposa, sus dos hijos y un nieto.

Sobre la autora:

Anne de Graaf ha escrito más de ochenta libros de los que se han vendido más de 4 millones de ejemplares por todo el mundo y han sido traducidos a más de cuarenta idiomas. *Out of the Red Shadow,* el último libro de su serie de novelas para adultos *Hidden Harvest,* obtuvo el premio *Christy Award 2000* en la categoría ficción histórica internacional. Actualmente se encuentra escribiendo una serie de novelas sobre una mujer de negocios y niños en lugares de conflicto: *The Children Voices.* Anne de Graaf ha trabajado también como periodista para la agencia nacional de prensa holandesa, así como traductora en temas económicos para el gobierno holandés. Nació en San Francisco, EE.UU., y se graduó en la universidad de Stanford. Ha vivido los últimos veinte años en Irlanda y en Holanda, con su esposo y sus dos hijos.

En la Feria Mundial del Libro de Frankfurt de 1999, tanto José Pérez Montero como Anne de Graaf fueron galardonados con el East-European Christian Literature Award (Premio de Literatura Cristiana de Europa del Este).